AF459650

MEMOIRES
PRESENTÉS
A MONSEIGNEUR LE DUC
D'ORLEANS,
RÉGENT DE FRANCE.

CONTENANT

Les moyens de rendre ce Royaume très puissant, & d'augmenter considerablement les revenus du Roi & du Peuple.

PAR LE C. DE BOULAINVILLIERS.

TOME I.

A LA HAYE & A AMSTERDAM } Aux dépends de la Compagnie.

M. DCC. XXVII.

AVIS

DES

LIBRAIRES.

P. Goſſe & *J. Néaulme*, *R. C. Alberts*, *P. de Hondt*, *A. de Rogiſſart*, *M. G. de Merville*, Libraires à *la Haye*; *F. Changuion* & *J. F. Bernard*, Libraires à *Amſterdam*, qui ont imprimé les MEMOIRES de Mr. le Comte DE BOULAINVILLIERS, ſe diſpoſent à publier dans quelque tems tous les Ouvrages de ce curieux & ſavant Hiſtorien. Ils ne ſe ſont déterminés à donner celui-ci à part que pour intereſſer le Public en faveur d'un Auteur, dont le nom eſt à la verité celèbre en *France*, mais dont les Ecrits, qui n'ont jamais été imprimés, ne ſont pas fort communs même dans ce Royaume, quelque avidité que les *François* ayent temoignée & temoignent encore pour en avoir des copies manuſcrites. L'extrême chereté de ces Manuſcrits, & l'eſpèce d'idolatrie avec laquelle les Curieux les conſervent dans leur cabinet, ſont ſans doute la cauſe de cette rareté. On peut donc aſſurer qu'il y a peu d'Ouvrages pour qui l'impreſſion fût plus néceſſaire, comme il y en a peu qui la meritent davantage.

Nous aurions pu donner ici une liſte des differentes matieres que

que M. le Comte DE BOULAINVILLIERS a traitées, & qui seront plusieurs vol. *in* 4. Mais, comme il ne s'agit actuellement que de ses MEMOIRES, cela seroit assez inutile. D'ailleurs, cet Ouvrage qui se recommande assez de lui-même, fera beaucoup mieux juger des autres, que ce que nous en pourions dire; & après tout, si en annonçant l'Edition entiere de ses Ouvrages, il est nécessaire que nous en donnions une idée, il sera toujours tems de le faire alors. Les Lecteurs gagneront même à ce retardement : leur impatience sera moins longue.

Il suffira pour le present que nous assurions le Public, que nous n'avons

vons rien négligé pour avoir des copies fideles, & exactement collationnées ſur des originaux ſortis des mains même de l'Auteur. S'il y a quelques fautes dans les MEMOIRES, elles ne doivent point tirer à conſéquence pour les autres; ces MEMOIRES, qui par leur bonté ont engagé les Libraires aſſociés à entreprendre toute l'Edition des Oeuvres de Mr. le Comte DE BOULAINVILLIERS, étant tombés entre leurs mains avant qu'ils euſſent été aſſez heureux, pour trouver la ſource des Manuſcrits originaux de l'Auteur. Mais ces fautes, s'il s'en trouve ſeront rectifiées dans l'Edition complette, pour laquelle ils n'épargneront rien.

MEMOIRES PRESENTÉS A MGR. LE DUC D'ORLEANS.

****

I. MEMOIRE,

Sur la convocation d'une Assemblée d'Etats Generaux *.

Comparaison entre le règne de *Louis XIV* & la Régence du Duc d'Orléans.

JAmais gouvernement ne fut si cher à la *France* que celui de Son Altesse Royale. Il succède à un règne despotique, bursal, très long & par conséquent odieux. Il se fait sentir par tous les caracteres propres à gagner les cœurs : bonne intention, jus-

* *Presenté au commencement de la Régence de Son Altesse Royale.*

justice, affabilité, liberalité, oubli des injures; & surtout par une incomparable generosité.

Cependant malgré tout ce qu'il a de gratieux & d'éclatant, les hommes sont si deréglés que l'on peut craindre que la facilité presente ne soit plus dangereuse, pour ses conséquences, que les rigueurs passées, parce que les esprits s'emportent plus aisément de l'esclavage à l'insolence, qu'ils ne pensent à jouïr de la simple liberté, de laquelle ils ignorent le prix, faute d'en avoir eu l'usage depuis si long tems.

Caractere des *François* par raport au Gouvernement.

Le *François*, en particulier, est d'un caractere léger, qui reflèchit peu, qui cède au premier objet: ce qui, d'une part, le rend aisé à conduire, mais qui, de l'autre, le rend aussi capable du mal que du bien.

Conjonctures favorables pour la Régence.

Les circonstances ne sauroient être d'ailleurs plus heureuses pour l'administration de Son Altesse Royale, puisque tous les Ordres de l'Etat se trouvent également accablés, détruits & anéantis. Elle ne s'y peut faire pour les uns, & pour les autres, qu'elle ne

se

se les attache par de nouveaux liens. Tout le monde est entré sous son obéïssance par les grands motifs de l'esperance & de la confiance. On s'y doit arréter pour deux autres motifs non moins puissans, qui sont le respect & l'estime. Les Princes ont d'ailleurs tant de moyens de se faire aimer, que l'amour des Sujets ne leur manque jamais que par leur faute.

Defaut du Gouvernement passé.

Nul Gouvernement ne peut être long-tems heureux, s'il est exercé sans règle & sans théorie, au hazard des évenemens. On a vu le succès d'une semblable administration sous le règne passé, & nous en ressentons amerement les effets.

Temperament néceſſaire en general pour bien gouverner.

Les hommes veulent être commandés, mais ils veulent trouver leur bien sous l'autorité qui les domine; & cette disposition augmente, à proportion des maux qu'ils ont soufferts. Les graces particulieres, loin de calmer les dispositions generales, ne font qu'exciter la jalousie & l'envie de ceux qui ne les ressentent pas; & l'on se porte conséquemment à blâmer la distribution qu'en fait le Prince.

Moyen plus particulier & ses bons effets.

Si S. A. R. ne peut réellement soulager les Sujets écrasés, elle doit, au moins, temoigner une bonne volonté continuelle, & une attention infinie à leurs besoins & à leurs maux. Il est nécessaire, pour cette fin, de donner de plus fréquentes Déclarations, d'en bien mesurer les termes, d'éviter les ambiguités, d'y découvrir la fin & le but qu'on se propose, qui doit toujours être un avantage public, de quelque nature qu'il puisse être, & quelque Corps de l'Etat qu'il puisse regarder.

On donnera par ce moyen de la patience aux esprits inquiets: on se disculpera du reproche de lenteur, & d'indécision; on fera connoître l'intention veritable de S. A. R. & de ses Conseils.

Defauts des Déclarations rendues depuis la Régence.

La plupart des Déclarations données depuis la Régence, ont gardé trop peu de mesures, & se sont souvent contredites. Elles ont découvert le fonds des affaires, & par conséquent peu menagé la réputation de l'Etat. Elles n'ont pro-

proposé, ni fait envisager le remède au malheur public, que comme la consommation de la ruine des Particuliers, oubliant que ce Public n'est que les Particuliers ensemble: & par ce discours il semble que l'on continue de séparer de plus en plus le Roi de l'Etat : ce qui a été la plus odieuse de toutes les maximes du règne passé.

Crainte qu'elles inspirent.

Ces mêmes Déclarations, & la conduite generale de la Régence, font craindre aux serviteurs zelés qu'elle ne prenne trop de vues successives, & qu'elle n'en ramasse point assez dans un même plan, d'autant que le veritable bien d'un Etat ne se fait pas par hazard, & à mesure que les occasions se presentent, mais qu'il faut le prévoir, le conduire & l'amener à une perfection par une méthode certaine.

Nécessité que le Prince connoisse tout.

Pour cet effet, il est nécessaire que le centre des affaires, que la fin & le but de tout le gouvernement, soient non seulement connus du Prince, mais qu'ils soient toujours presens à son esprit; qu'il y raporte sa conduite & ses actions publiques, & qu'il y soit respecté fidelement par ceux qu'il honore de son estime & de sa confiance.

Quelle doit être sa principale occupation.

Les petits détails surchargent un grand Prince, & n'avancent en rien le bien de ses affaires. La grande & principale fonction, qui le doit occuper, est la perfection du Gouvernement, & l'exercice de son jugement, à l'égard de ce qui lui est proposé, pour discerner entre ce qui convient, ou ne convient pas au plan qu'il a dans l'esprit, & de plus entre le bien & le meilleur, entre le mal & le pire considerés en eux-mêmes.

Moyen facile au Prince pour savoir tout.

Le Prince doit cependant être instruit de tout ce qui est possible & bon à faire dans l'Etat; & pour le connoître, il seroit peut-être utile d'inviter tout le monde, par une nouvelle Déclaration, à lui proposer des vues & des projets utiles, avec promesse de récompenser tous ceux qui seroient jugé tels. Mais comme le nombre en seroit grand, que leurs qualités seroient differentes, & qu'on peut suposer qu'il s'en trouveroit même plusieurs d'absurdes, on pourroit charger quelques personnes sages,

ges, éclairées, fideles, de les examiner, d'en recueillir l'utile, & de le presenter à S. A. R. en la forme qui conviendroit le mieux.

Examen qu'il doit faire des personnes qu'il employe.

L'indicible dépravation du siècle present, où l'interêt personnel est le mobile general; où l'agiotage du crédit & de la faveur, est devenu pareil à celui de l'argent; où les Sujets capables & bien intentionés manquent presque dans toutes les conditions, est une conséquence de l'anéantissement, & de l'esclavage où l'on a vécu. Mais sa conséquence, par raport au Prince, est que la précaution devient, à son égard, une vertu plus nécessaire que sa generosité naturelle; qu'il ne sauroit faire une trop grande attention au caractere de ceux qu'il aproche de sa personne, ni trop refléchir aux conséquences de leurs inspirations, & qu'enfin il ne sauroit mettre une barriere trop impenétrable entre ses plaisirs & son gouvernement, de sorte que ceux-là n'influent, s'il se peut, en rien sur celui-ci. Il ne s'agit, dans cette observation, que de l'accomplissement des hautes desti-

 nées

nées de S. A. R. que de sa réputation dans toute l'*Europe* & dans le Royaume, & de sa gloire dans la posterité : objets sacrés & chers aux gens de bien, & qui le doivent être infinement à elle-même.

Utilité de la finance.

La finance est le principal nerf d'une Monarchie ; c'est l'article duquel dépend la force & la réputation du Gouvernement : ainsi le principal effort de la prudence doit se porter de son côté, quelque difficile que l'ouvrage puisse lui paroître.

Les Monarques n'étoient riches autrefois que de leurs domaines ; ils ne le sont aujourd'hui que de l'abondance propre de leurs Sujets, & de la confiance qu'ils peuvent donner à leur sagesse & à leur probité.

Son mauvais état sous le règne précédent.

Le règne passé a détruit l'abondance, en tirant des Sujets au delà de leurs forces, & en détruisant la consommation interieure, pour faire que leurs denrées perissent en pure perte entre leurs mains, ou qu'elles devinssent la proie des Commis & des Traitans. Il a pareillement détruit la confiance, en dé-

découvrant un fonds de mauvaiſe intention & d'artifice, dans les Miniſtres, digne d'une éternelle exécration.

Remède à ce mal.

Les remèdes, que l'on peut aporter aux pernicieux effets d'une ſi cruelle conduite, conſiſtent à l'extinction de la ſurcharge, tout auſſi-tôt qu'elle ſera poſſible, & à la converſion des droits poſés à la conſommation, en d'autres qui la facilitent.

Trois objets de la finance.

La finance conſiderée en general peut avoir trois objets : I. La liberation des revenus du Roi. II. La liquidation de ſes dettes en papier, & leur extinction. III. La circulation de l'argent.

Liberation des revenus du Roi.

La liberation des revenus du Roi a été conduite à un point très conſiderable, par la révocation des aſſignations anticipées ; mais il ne paroît pas que l'on puiſſe eſperer que les charges foncieres, rentes de la ville, gages des charges inutiles, augmentations de gages des Officiers, conſtitutions ſur les Aides, Tailles, Gabelles, &c. ſoient jamais éteintes, ſans une deliberation des Etats Generaux, qu'il feroit aiſé de conduire à bien, quelque opinion que l'on en ait.

Liquidation de ses dettes & leur extinction.

La liquidation des dettes en papier est presque achevée; mais, si l'on ose le dire, il ne paroît pas que leur extinction soit possible, par les seuls moyens d'une chambre de justice, ou de quelques taxes sur les acquereurs du domaine. Il y a des personnes plus instruites dans ces matieres, qui estiment que l'on pourroit s'en servir pour l'amortissement du dixieme, & de la capitation: impôts très odieux, & que l'on ne sçauroit ôter trop tôt.

La circulation de l'argent.

La circulation de l'argent est toujours empéchée par la defiance, ou la crainte des évenemens: d'où il s'ensuit que tous objets de terreur proposés, toute alteration, ou variation dans le prix des monnoyes, & particulierement la connoissance des besoins de l'Etat & du Prince, feront des obstacles invincibles à la circulation de l'argent.

Deux moyens d'anéantir les billets de l'Etat.

Si S. A. R. est déterminée à l'établissement d'une chambre de justice, & si elle espere que la recherche des Financiers éteindra les deux tiers des billets de l'Etat, il semble qu'elle ne se peut dispenser de faire anoncer une su-

ſupreſſion de la capitation, ou celle du dixieme pour le 1. Octobre, ou Janvier prochain, & peu de jours après, faire la convocation des Etats Generaux pour le 1. Août prochain.

Si au contraire elle ne peut eſtimer le produit d'une chambre de juſtice, qu'au tiers, ou à la moitié des billets d'Etat, il ſemble qu'elle n'en peut delivrer le Royaume qu'en permettant aux Particuliers, & aux Communautés, d'amortir leur cotte-part du dixieme & de la capitation, en payant en billets d'Etat le montant de quatre ou cinq années des mêmes impôts, & leur permettant à cette fin d'emprunter de ces billets juſqu'à concurrence; le tout à certaines charges & conditions.

Grandes reſſources en *France*.

Les Particuliers éloignés de la veritable connoiſſance des affaires, par leur état, ne peuvent raiſonner, à ces differens égards, que par pure ſupoſition, & comme à tâtons. Cependant ils ne ſauroient ſe tromper à dire, qu'un Royaume, qui contient vingt millions d'habitans, ſix cents millions d'eſpèces, & qui eſt d'ailleurs le plus abondant

bondant de l'*Europe*, ne puisse fournir des ressources infinies au Prince qui voudra soigneusement les chercher, & les employer pour le bien commun.

Nécessité d'une assemblée d'Etats Generaux.

Dans le fait, on estime que, de maniere ou d'autre, le plus certain de tous les moyens sera celui d'une assemblée d'Etats Generaux, seul capable de ranimer l'idée du bien public, d'autoriser une juste distribution des impôts, & d'anéantir, par l'établissement d'une règle concertée, la malheureuse régie qui coute à la *France* le double & le triple de ce qu'en tire le Roi.

Les Partisans auteurs des maux de la *France*.

On ose dire enfin qu'il est de l'équité, & de la generosité de S. A. R. j'ajoûte encore qu'il est de son interêt le plus pressant, de remédier à la desolation du Royaume, & de le tirer pour jamais de l'esclavage des Partisans, de ces sangsues cruelles de l'Etat, dont elle a éprouvé elle-même la dureté & les mauvaises pratiques, par la rareté de l'argent dont ils sont les auteurs; de procurer au Roi, & aux Suujets, un avantage égal, par le changement que les Etats peuvent faire à la maniere usitée d'imposer, ou de faire les recouvremens; à ceux-ci, parce qu'ils ne payeront que dans une juste proportion de leurs facultés, & des besoins publics; au Monarque, parce qu'il sera toujours le maître de leurs biens & de leurs vies, quand il aura solidement établi leur confiance.

Proposition de convoquer les Etats Generaux à *Bourges*.

Dans ces vues, si dignes de la reflexion & de l'attention d'un si grand Prince, la *France* espere qu'il plaira à S. A. R. de donner incessament une Déclaration, pour indiquer une assemblée generale des trois Etats du Royaume, pour la tenir en la ville de *Bourges*, au 1. Août prochain, pour aviser tous ensemble aux grandes & importantes affaires de la Couronne, & particulierement conseiller le Roi sur la meilleure maniere de faire le recouvrement de ses droits & revenus, d'une façon moins onereuse que celle qui est en usage.

Forme & nature de cette assemblée.

La haute sagesse de S. A. R. remarquera façilement qu'il n'y a rien de

si

ſi néceſſaire à l'appui de ſon droit & de ſon autorité, qu'une aſſemblée d'Etats, & qu'il lui importe infiniment que cette aſſemblée ſoit tenue de ſon plein gré & entiere volonté; qu'elle ne ſoit point requiſe par aucun Corps; qu'elle prévienne & précède tous les troubles & toutes les diviſions, qui pouroient naître; que la nomination des Députés lui ſoit pleinement agréable, & que les Gouverneurs des Provinces ayent le tems de donner une attention ſuffiſante au choix qu'il en faut faire: de ſorte que, tout conſideré, il n'y a aucun tems à perdre, pour en former la Déclaration.

La forme & deliberation d'une telle aſſemblée ne doivent cauſer aucun embarras. S. A. R. y ſera la maitreſſe abſolue, & le ſuccès en eſt auſſi certain que le zèle de ceux qui la propoſent, eſt ardent & fidele pour ſa gloire & ſon interêt.

II. ME

II. MEMOIRE,

Pour rendre l'Etat puissant & invincible, & tous les Sujets de ce même Etat heureux & riches.

ON ne peut acquerir de richesses légitimes que par les arts, l'agriculture & le commerce. Toutes autres voies, pour acquerir du bien, doivent être banies de la société civile, puisqu'il ne s'y rencontre qu'usure & mauvaise foi, qui conduisent indispensablement l'Etat le plus florissant à sa ruine totale.

Légitimes voies d'acquerir des richesses.

Plus le commerce fleurit, plus un Etat est riche, puissant & invincible: & au contraire, plus les Financiers y prennent d'empire, plus l'usure s'y introduit, & plus cet Etat est près de

sa

ſa décadence. La richeſſe des marchands eſt l'ame de la Monarchie, & celle des Partiſans en eſt la ruine. Le ſuccès du négoce porte partout l'abondance & la joie; & le ſuccès du Parti y porte la pauvreté, le chagrin & le deſeſpoir.

Suites fâcheuſes de celles des Financiers.

Les fortunes ſubites des Financiers ont excité pluſieurs marchands à quiter le commerce; d'autres à borner leur négoce au commerce uſuraire de l'argent, & une infinité d'autres à quiter l'agriculture, pour poſſéder des emplois, ou ſe faire pourvoir de charges onereuſes à l'Etat: en ſorte qu'abandonnant l'agriculture, la fabrication & le commerce des denrées & marchandiſes, ceux qui l'ont voulu continuer aïant été obligés de paſſer par la main de ces uſuriers, lorſqu'ils ont eu beſoin d'argent, ils ont été rançonnés. De là vient que tant de fabriquans & laboureurs, ou fermiers, ont été ruinés; que les terres ſont incultes ou mal façonnées, & que les banqueroutes ſont ſi fréquentes.

Soins de *Louis* XIV. pour le

Le Roi *Louïs* XIV. de glorieuſe memoire, Biſaïeul de S. M. dans le deſſein

ſein de faire fleurir le commerce dans ſes Etats, a ordonné l'établiſſement de pluſieurs Compagnies de commerce, pour négocier dans toutes les parties du Monde, & fait venir les plus habiles ouvriers de l'*Europe*, pour y établir les belles manufactures que nous y voyons; & enfin S. M. a établi un Conſeil de commerce, à la ſuite de ſa Cour, pour être toujours à portée de le protéger, & de lui accorder de nouvelles graces. com-merce.

Mais comme les guerres qui ſont ſurvenues, ont étouffé de ſi heureux commencemens, & en même tems donné lieu aux Financiers, & Traitans, de prendre le deſſus du commerce, on ne doit pas être ſurpris, ſi l'uſure y règne avec tant d'empire; ſi les banqueroutes ſont ſi fréquentes dans le commerce, & ſi tous les peuples gemiſſent.

Leur néceſſité à l'égard de la *France*.

Si la *Hollande*, en moins d'un ſiècle & par le ſeul négoce, a élevé à une puiſſance formidable un petit coin de terre preſque caché ſous les eaux, quel ſoin ne doit pas prendre celui qui gouverne une Monarchie comme celle de la *France*, ſituée avec tous les avantages néceſsaires pour établir un commerce universel, & qui en soi-même a un fonds inépuisable de fécondité, à l'égard de differentes choses dont les Etats voisins ne se peuvent passer.

Nécessité que le Roi protége le commerce.

Quelques avantages que le Royaume de *France* ait, soit par son heureuse situation, ou par l'industrie de ses habitans, jamais le commerce n'y sera considerable, tant qu'il n'y aura point d'établissement qui en soit connu. Le pere commun du commerce est en état de favoriser les entreprises des Négocians, tant en general qu'en particulier; soit en soutenant les foibles, pour empécher qu'ils ne fassent banqueroute; ou en protégeant les forts, afin de leur donner moyen d'augmenter leur commerce, & de le porter aussi loin que leur genie poura s'étendre.

Le Conseil de commerce peut bien protéger les Négocians auprès du Roi, contre les entreprises des Fermiers & Financiers, mais il ne fournira pas de l'argent aux Fabriquans & Manufacturiers, pour soutenir le travail de leurs fabriques, ou manufactures: il n'en fournira

ira pas aux Fermiers & Laboureurs, pour leur donner moyen de mieux cultiver les terres, & parvenir à d'abondantes récoltes, qui est la mine inépuisable & le *Perou* que l'on a quité trop légerement, pour l'aller chercher bien loin, avec beaucoup de hasards & de dépenses.

Il ne se chargera pas non plus du soin de faire mettre en reserve la provision des bleds, des villes, bourgs & paroisses du Royaume, avant qu'on en permette le transport à l'Etranger, afin d'éviter les disettes & les cheretés excessives des grains, comme il n'est que trop souvent arivé.

Projet d'une Compagnie generale de commerce.

Il faut donc un établissement general qui mette la main à l'œuvre, pour parvenir à ce point de vue, lequel par sa direction, son commerce & négoce de participation, puisse réunir dans un même esprit tous les Négocians du Royaume, sans néanmoins captiver l'inclination de chacun en particulier, ni les empécher d'agir suivant leurs vues particulieres; & en même tems ouvrir un moyen assuré à tous les Sujets de

S. M. de pouvoir faire commerce en gros ſans deroger, ou faire valoir leur argent dans le négoce ſans uſure & avec ſureté.

Preuves de la néceſſité de cet établiſſement.

Pluſieurs raiſons utiles & politiques néceſſitent cet établiſſement. En premier lieu, on ſuprime beaucoup de charges & offices, qui occupoient ceux qui en étoient pourvus: les taxes qui ſont demandées aux Financiers, & par eux payées, les obligent à congédier beaucoup de Domeſtiques & Commis.

En ſecond lieu, il y a une infinité de jeunes gens de famille, & il s'en éleve tous les jours, à qui il faut donner moyen de s'occuper utilement pour eux & pour l'Etat, afin de les tirer de l'oiſiveté, ſource de tous les maux, & les empécher de s'attacher à la Pratique, qui dégenere trop ſouvent dans une dangereuſe chicane qui ruine les peuples.

En troiſieme lieu, tout le monde n'eſt pas né pour être Soldat ou Laboureur, & ces deux profeſſions ne ſuffiſent pas pour rendre un Etat heureux. Il faut des Fabriquans de toutes eſpè-

ces,

ces, & des Négocians, afin que les uns & les autres s'aident, & que le commerce & l'agriculture fleuriſſent.

C'eſt pourquoi on fait à S. A. R. les propoſitions ſuivantes.

PREMIERE PROPOSITION.

D'établir à *Paris*, par commiſſion, ſix perſonnes, avec le titre de Conſeillers d'Etat, grands Treſoriers du commerce, Proviſeurs generaux du Royaume.

Propoſitions par raport à cet établiſſement.

Accorder à ces ſix grands Officiers des Lettres patentes pour l'établiſſement d'un Treſor, & Direction generale du commerce dans la ville de *Paris*, à l'effet de protéger & ſoutenir l'agriculture, les fabriques & manufactures, & generalement faire toute ſorte de commerce & négoce licite, qu'elle verra bon être, tant par terre que par mer, dedans & dehors le Royaume, ſans excluſion, ni anticiper en aucune maniere ſur les priviléges excluſifs accordés à la Banque generale, & aux autres Compagnies preſentement établies; les articles ci-après servant de reglement pour la dite Direction.

I.

Permission à tout le monde de s'y interesser.

Que tous les Sujets de S. M. de quelque qualité & condition qu'ils soient, pouront prendre interêt dans le commerce de la Direction, sans deroger à leurs noblesse & priviléges, de quoi S. M. aura la bonté de les dispenser.

II.

Que tous les Etrangers, & Sujets de quelque Prince & Etat que ce soit, pouront pareillement prendre interêt dans le commerce de la dite Direction.

III.

Composition & division du fonds de cet établissement.

Que le premier fonds capital du Tresor de cette Direction sera composé de toutes les sommes de deniers, qui y seront portées par ceux qui y prendront interêt, dans le courant de la pre-

premiere année de son établissement; lequel fonds sera divisé en six classes d'Actions purement mobiliaires & négociables, distinguées par les no. depuis 100, 200, 500, 1000, 2000, jusqu'à 3000 livres; afin que tout le monde puisse y prendre interêt pour ce qu'il voudra, soit peu ou beaucoup. Qu'aucun des Actionnaires ne poura, pour quelque cause que ce soit, retirer aucune chose du fonds capital qu'il aura à la Direction, pendant qu'elle subsistera, au moyen de la faculté qu'il aura de les transporter à d'autres.

IV.

Aucune saisie, ni confiscation n'aura lieu.

Que les Actions & profits, qui apartiendront aux Particuliers interessés en la dite Direction, de quelque nation qu'ils soient, ne pouront être saisis par le Roi, ni confisqués à son profit, encore qu'ils soient Sujets de Princes & Etats avec lesquels S. M. pouroit être ou entrer en guerre: comme aussi que les veuves, enfans & heritiers, ou prétendans droit des Actionnaires, ne pouront

ront faire aucune saisie ni apositions de scelé dans les bureaux, magasins, comptoirs, ni sur la caisse, marchandises & effets de ladite Direction, sous quelque prétexte que ce soit.

V.

Election des Directeurs.

Que le commerce de la Tresorerie & Direction generale sera conduit par trois Directeurs Négocians, qui seront choisis par les grands Tresoriers Provisseurs, dont l'experience au fait du commerce general, & la probité leur sera connue; lesquels Directeurs Négocian ne feront plus & ne pouront faire aucun commerce pour le compte particulier directement, ni indirectement, à peine d'être chassés honteusement de leur Direction, & de 3000 livres d'amende envers les pauvres.

VI.

Leur installation.

Que les dits Directeurs seront installés sur la commission scelée du sceau des grands Tresoriers, & reçus au Consulat,

lat, où ils seront tenus de préter serent.

VII.

Que les Directeurs ne pouront être quiétes, ni contraints en leurs personnes, ni leurs biens, pour raison des ffaires de leur Direction, en justifiant ar eux de leur conduite. Privileges de leurs charges.

VIII.

Que les effets de la Direction & Treorerie ne pouront être sujets à aucues hipothèques du Roi, ni saisies, our ce qui pouroit être dû à S. M. à tous autres, par les Actionnaires. Assurance des effets de la Direction.

IX.

Que la Direction generale de *Paris* orrespondra avec les Chambres & les Bourses communes, que les grands Tresoriers établiront dans les villes, ourgs & paroisses du Royaume, soit our y étendre son commerce, ou pour aciliter ses entreprises. Correspondance de la Direction de *Paris* avec les autres.

X.

Nomination des Caissiers, Teneurs de Livres, &c.

Que la Direction generale de *Paris*, & les particulieres du Royaume, établiront à la nomination & provision des grands Tresoriers, les Officiers qui seront nécessaires à chacun en particulier, pour tenir les caisses, les Livres à parties doubles, les comptes, faire les négociations, achats & ventes, payer les gages & autres dépenses ordinaires de chaque Direction.

XI.

Ordre dans lequel les Directeurs presideront aux assemblées de la Direction.

Que les Directeurs de la Direction generale de *Paris*, & les personnes qui composeront les Chambres & Bourses communes des villes, bourgs & paroisses du Royaume, presideront tour à tour, de mois en mois, aux assemblées qu'ils tiendront tous les jours, à commencer par le plus ancien, & chacun d'icelle.

XII.

XII.

Que la Direction generale de *Paris* poura faire statuts & reglemens, pour le bien & l'avantage de son commerce, que les grands Tresoriers presenteront au Roi, & suplieront très humblement S. M. de les confirmer.

Pouvoir législatif de la Direction de *Paris*.

XIII.

Qu'il sera fait tous les ans un bref état de toutes les dettes & effets de la dite Direction, & au moins tous les trois ans un inventaire general de tout l'actif & passif d'icelle, auquel ceux d'entre les Actionnaires qui auront au moins 10000. livres d'Actions, & les Députés au Conseil de commerce, pouront assister; lesquels états & inventaires seront communiqués à tous les Actionnaires qui desireront en prendre connoissance: par lesquels inventaires tous les Actionnaires, leurs veuves, enfans, heritiers ou prétendans droit, seront tenus de se régler, & s'y

Inventaire que la Direction doit faire de tems en tems.

s'y tenir, ſans pouvoir en demander d'autres.

XIV.

Profit des Directeurs de la Direction generale.

Que les Directeurs de la Direction generale de *Paris* auront demi pour cent, ſur tout le commerce qu'ils entreprendront pour le compte de la Direction generale, pour leurs peines, ſoins & fraix de bureau, du montant duquel demi pour cent ils feront bourſe commune, pour être reparti entr'eux par égale portion, après en avoir déduit le dixieme pour les grands Treſoriers.

XV.

Repartition des gains faits par la Direction.

Que les profits, que la Direction poura faire ſur ſes entrepriſes, déduction faite des frais, ſeront repartis à la fin de chaque année entre tous les Actionnaires, au marc la livre de ce que chacun y aura d'Actions.

XVI.

XVI.

Que les porteurs des Actions de la Direction generale ne s'engageront dans son commerce & entreprises, que pour le fonds & valeur de leurs Actions, & non plus; & pouront s'en tirer libres en cas d'infortune, en abandonnant le fonds des Actions qu'ils y auront.

Droit des Actionnaires.

XVII.

Que si cette Direction generale de commerce venoit à finir, il sera fait un dernier inventaire general de son actif & passif; & après ses dettes acquitées, le surplus de l'actif sera reparti entre les Actionnaires, aussi au marc la livre, à proportion de ce que chacun aura d'Actions: & cependant les Livres, titres & papiers d'icelle resteront ès mains des Directeurs, pour être représentés & communiqués, quand besoin sera.

Loi au cas d'extinction de la Direction generale.

XVIII.

XVIII.

Moyen pour décider les contestations qui pouroient naître dans la Direction generale.

Que s'il arivoit contestation, ou difficulté, sur tout ce que dessus, circonstances & dépendances, entre les Actionnaires, Directeurs & Commis, & préposés au commerce de la dite Direction generale, ils seront tous obligés de s'en tenir & régler par l'avis d'arbitres négocians, & d'y acquiesçer, sans pouvoir aller au contraire, à peine de trois mille livres payables par les refusans, moitié aux pauvres, & l'autre moitié aux acquiesçans, avant de pouvoir être reçus à dire ni proposer aucunes choses contre la décision des dits arbitres, sans que cela puisse être réputé peine comminatoire, mais au contraire absolument de rigueur, & comme telle exactement observée & exécutée.

XIX.

Que S. M. n'accordera aucun saufconduit, évocation ni surséance, sous quelque prétexte que ce soit, à tous ceux

ceux qui auront acheté des effets de la Direction, ou vendu pour son compte quelque chose servant à icelle.

XX.

Que la demande de tous les passeports, ou permissions, pour l'enlevement de grains ou autres denrées & marchandises, sera communiquée aux grands Tresoriers & Proviseurs generaux du Royaume, & à la Direction generale, pour, suivant leurs avis & celui des Directeurs de la dite Direction, les permettre ou refuser.

XXI.

Que les grands Tresoriers & Proviseurs seront les premiers Presidens aux assemblées des Directeurs de la Direction generale de *Paris*, lorsqu'ils s'y transporteront.

Prééminence des grands Tresoriers & Proviseurs.

XXII.

Que pour la facilité du commerce &

Maniere dont la

Direction fera ses payemens.

& entreprise de la Direction, elle poura régler ses affaires & faire son commerce, de maniere qu'elle ne payera que quatre fois l'an, pendant les mois de Mars, Juin, Septembre & Décembre de chacune année. Que tous les Négocians qui travailleront de concert avec elle, pouront faire la même chose, afin qu'en ôtant dans le commerce la nécessité de payer tous les cinq jours, comme il se pratique aujourd'hui dans *Paris*, les préteurs d'argent n'ayent plus d'occasion pour usurer comme ils font.

XXIII.

Que ces payemens se feront pendant un mois, du jour de leur ouverture, & que la police y sera observée comme à *Lion*; & à cet effet que le reglement de la place de *Lion*, dont on donnera copie, sera déclaré commun pour la place de *Paris*, en ce qui regardera les payemens de la Direction generale du commerce seulement, & ceux des Négocians & autres qui s'y conformeront.

Tout

Tout est simple dans cette Direction & tresorerie, & rien n'y est forcé. Il n'y a point de solidité entre ceux qui s'y interesseront, mais bien entre le fonds des actions qui répondront les unes des autres.

Liberté que doivent avoir les personnes de tout rang de s'interesser dans la Direction.

Le Roi, & en parcourant tous les états, soit de l'Eglise ou de l'Epée, jusqu'au plus petit artisan, tous peuvent s'y interesser, sans qu'il soit dit qu'aucun fasse commerce, ni qu'il deroge à sa qualité, parce que les fonds, que chacun aura mis dans cette tresorerie, seront à la disposition de Directeurs Négocians d'une probité reconnue, qui les feront valoir pour le compte de tous les associés, ainsi qu'ils jugeront à propos; de maniere que les Actionnaires, sans se mettre en peine de rien, participeront à ce commerce, au marc la livre de ce que chacun aura d'Actions.

Utilité de cet établissement.

Tous les Négocians, ou Fabriquans, ne feront aucune difficulté de mettre tout leur argent dans ce tresor, puisqu'ils n'en auront pas besoin pour le dit commerce, & que plus ils auront de fonds à la tresorerie, plus cette même tresorerie leur donnera de crédit, dans tous les endroits où ils voudront étendre leur négoce.

Rien ne peut être plus avantageux au Roi & à tous ses Sujets, & rien ne doit être plus ardemment desiré qu'un établissement de cette nature, qui unit volontairement differens genies, sans les empécher d'agir suivant leurs volontés, & qui donnera des profits considerables à ceux qui s'y interesseront, dont les consciences les plus timorées pouront jouir sans scrupule, puisque ce seront les hasards du commerce qui les procureront.

DEUXIEME PROPOSITION.

Proposition de suprimer les offices de Courtiers &c.

De suprimer les offices de Courtiers, Agens de change, banques & marchandises reservées par l'édit du mois de Décembre 1715. dans les villes de *Marseille* & de *Bordeaux*, & les Conseillers du Roi, Agens de change, banques, commerce & finances, créés à *Paris*; ensemble les gages, augmentations de gages,

gages, droits, priviléges, exemptions, franchises & libertés attribuées aux uns & aux autres.

Motifs de cette supression.

Les motifs de cette supression sont que ces offices aïant été acquis par des personnes peu experimentées dans les négociations de banque, du commerce & des finances, on ne retire aucune utilité de leur création; au contraire la plupart de ces Officiers étant dans l'usage d'usurer, & abusant de la faculté qui leur est accordée d'avoir caisse & bureaux ouverts chez eux, se sont érigés en usuriers publics, & y bornent toutes leurs fonctions; en sorte que, pour extirper l'usure du commerce, il est nécessaire de faire cette supression.

Pouvoir donné aux grands Tresoriers d'établir des Agens de banque par commission.

De permettre aux grands Tresoriers du commerce, & Proviseurs generaux du Royaume, d'établir par commission dans toutes les villes, bourgs & paroisses du Royaume, des Agens de banque, commerce & finance, Tresoriers de la Bourse commune de chaque paroisse, Receveurs particuliers & Collecteurs perpétuels des impositions,

 le

le nombre qu'ils jugeront nécessaire.

Et de leur prescrire les fonctions ci-après, pour le bien & utilité du commerce, tant general que particulier.

FONCTIONS.

I.

Fonctions de ces Agens de banque.

Feront, à l'exclusion de toutes autres personnes, toutes les négociations de sommes, de deniers, de ports d'argent, de Lettres de change, promesses, scédules, billets à ordre, au porteur, ou autrement, Actions de la banque, assignation du Tresor Royal, rescriptions, billets de compagnies de Négocians, & autres.

II.

S'entremettront pour faire, chacun dans les lieux de leur établissement, toutes conventions, marchés, achâts, ventes, trocs, échanges de denrées & marchandises du cru, pêche & fabrique de *France*, ou de celles venantes

tes des pays étrangers, dont l'entrée & commerce eſt, ou poura être permis.

III.

Les Marchands & Négocians pouront ſe ſervir du miniſtere des dits Agens, leur diſtribuer des marchandiſes; & par ce moyen ils auront pluſieurs Commis, & pluſieurs magaſins, qui ne leur couteront qu'une modique commiſſion. Il y a plus: par le miniſtere des dits Agens tout le monde poura faire commerce en gros, ſans deroger, ou faire valoir ſon argent dans le négoce avec ſureté: d'où il ſuit que les Fermiers & Laboureurs, Commerçans, Fabriquans & Manufacturiers, en remettant aux dits Agens des denrées & marchandiſes, trouveront facilement par leur entremiſe l'argent dont ils auront beſoin, pour continuer leur travail, ou payer leurs fermes; & les préteurs, leurs ſuretés dans les denrées & marchandiſes depoſées ès mains des dits Agens. Leur ſera permis de vendre par commiſſion toutes ſortes de denrées & marchandi-

 ſes,

ſes, qui pouront leur être livrées, envoyées & adreſſées, tant par les Négocians, Fabriquans, Armateurs & autres Particuliers du Royaume, que par ceux des pays étrangers, & dont le commerce eſt, ou ſera permis: le tout ſuivant la facture, prix & ordres qu'ils en auront reçus; & les tiendront toujours en état d'être expoſées en vente, à peine d'en répondre, en cas de déperiſſement, par leur faute; à l'effet de quoi pouront tenir & avoir un ou pluſieurs magaſins, pour la conſervation d'icelles.

IV.

Devoirs des Courtiers touchant la vente qu'ils feront des marchandiſes.

Donneront avis à ceux qui leur auront envoyé les dites denrées & marchandiſes, du jour qu'ils les auront vendues, du nom de l'acheteur, & des conditions pour le payement convenu avec icelui, & ce dans la huitaine après la vente; & lorſqu'ils les auront vendues comptant, ils leur en feront la remiſe du prix, ou ſuivront les ordres qu'ils leur donneront ſur ce ſujet.

V.

V.

Pouront faire donner deniers à la grosse avanture, faire signer toute police d'assurance, s'entremettre dans la vente, achâts, trocs, & échanges de navires, vaisseaux & autres bâtimens marchands, d'affrettement, nolisement, & toutes autres conventions maritimes.

Douceurs qui leur seront accordées.

VI.

Pouront se charger d'acquiter en monnoye courante, afin de ne point anticiper sur le privilége de la banque generale, toutes Lettres ou billets qui seront faits ou tirés, tant du dedans du Royaume que des pays étrangers, payables à leur domicile; sçavoir ceux qui seront établis à *Lion* dans le payement des Rois, Pâques, Août & des Saints; & ceux de *Paris*, & des autres villes & lieux du Royaume, dans le courant des mois de Mars, Juin, Septembre & Décembre de chacune année seulement, si ſi on leur en remet la valeur, ſans que ſous quelque prétexte que ſe puiſſe être, ils puiſſent être tenus ni obligés de les accepter, afin de les conſerver à la banque generale, & aux Banquiers la faculté de payer tous les jours & à toutes échéances.

VII.

Comme auſſi d'acquiter tous les droits d'entrée, de ſortie, d'octrois, péages, & autres qui ſeront dûs pour toute ſorte de denrées & marchandiſes; s'entremettre de la vente de tous immeubles, comme terres, maiſons, heritages, circonſtances & dépendances, rentes foncieres, féodales & conſtituées, charges, offices, gages & augmentations de gages d'Officiers.

VIII.

Pouront recevoir toutes les rentes conſtituées, créées ſur l'hotel de ville de *Paris*, clergé, poſtes, Tailles, & ſur les autres fermes & revenus du Roi; cel-

les

les dûes & conſtituées par les pays d'Etat, provinces, compagnies & communautés d'Officiers, & par tous les autres Sujets de S. M. Enſemble les cens, rentes nobles & foncieres, & féódales, fermes des terres, ſeigneuries, & autres loyers de maiſon, & generalement tout ce qui poura être dû aux Sujets du Roi, & aux Sujets des autres Princes & Etats voiſins, en quelque ſorte & maniere que ſe puiſſe être. Même pouront gerer les affaires, de quelque nature qu'elles puiſſent être, commerce, juſtice, police & finance, tant en leur preſence qu'abſence; le tout ſur les pouvoirs, procurations & quitances de ceux qui les en requereront, chacun dans les lieux de leur établiſſement, ſans que perſonne ſoit obligé de ſe ſervir du miniſtere des dits Agens, pour tout ce qui eſt contenu au preſent article, par preference à tous autres, qu'autant qu'ils le voudront bien.

IX.

Feront, à l'excluſion de tous autres, la

Droit excluſif

qu'ils auront de vendre plusieurs choses.

la vente des denrées & marchandises qui seront entreposées sur les halles, ports, quais, bureaux des Marchands, communautés d'arts & métiers, & autres lieux publics, hors le tems des foires & marchés; & leur sera permis de s'entremettre dans les négociations qui se font en tems de foires, & hors d'icelles, dans les manufactures, fabriques, marchés & lieux privilégiés, les Marchands forains n'aïant la liberté de vendre eux-mêmes leurs marchandises que pendant le tems des foires & marchés, & les Commerçans de *Paris* commettant sous les halles des personnes à eux dévouées, pour se faire vendre à eux-mêmes les marchandises des forains, ce qui est une chose incompatible. Il n'y a point de difficulté d'accorder aux gens proposés l'exclusion pour la vente des dites marchandises, hors les tems des foires & marchés, qui est le tems où les forains ne peuvent pas les vendre eux-mêmes.

X.

X.

Recette des impositions faites par les Agens de change.

Ce sont des personnes qui ne peuvent rien faire pour leur compte, lesquelles tenant lieu de Collecteurs, à qui il n'est pas defendu de faire commerce pour leur compte, on peut bien sans scrupule faire faire la recette des impositions aux dits Agens, & par ce moyen empêcher que plus de 80000 Collecteurs ne soient ruinés, ni qu'ils perdent leur tems à faire les recouvremens des dites impositions. Feront aussi, à l'exclusion de tous autres, chacun dans les lieux de leur établissement, la recette, au profit du Roi, de toutes les impositions qui seront faites sur les peuples, qu'ils porteront tous les huit jours, ou tous les mois, au plus tard, à la recette de l'Election de leur ressort. A cet effet, les Collecteurs qui en auront fait la repartition sur chacun des taillables, seront tenus de leur en remettre les rôles en bonne forme, huit jours après la commission & nomination à eux delivrée; au moyen de quoi

quoi les dits Collecteurs seront déchargés du soin de faire la recette des dites impositions, qui leur consomme beaucoup de tems, & en ruine la meilleure partie.

XI.

Defense à eux d'avoir part à un commerce illicite.

Qu'il sera defendu aux dits Agens de s'entremettre pour vendre, entrer ou sortir aucunes denrées & marchandises defendues & de contrebande; ensemble de se charger, favoriser & participer directement, ou indirectement, à aucune fraude des droits du Roi, ni des Seigneurs du Royaume, à peine de privation de leur commission pour toujours, & de 3000 livres d'amende.

. . . .
. . . .
. . . .

XIII.

A l'égard des signatures qu'ils mettront au dos des Lettres & billets qui leur seront remis, elles ne serviront que de de simples quitantes & non d'ordres, sans qu'il leur soit loisible d'en transmettre la propriété à autrui, par ordre, transport, cession ou autrement. Il leur sera permis néanmoins d'avoir caisse ouverte chez eux, pour y recevoir & payer pour le compte d'autrui, & de donner des reconnoissances des effets, denrées & marchandises qui leur seront delivrées, remises, envoyées & adressées; & leur sera enjoint, pour éviter toutes surprises & contestations resultantes des signatures qu'ils feront, d'ajouter, immédiatement après leur nom, ou parafe, s'ils en font une, le mot Agent, à peine de nullité, perte & privation de leur emploi, & de 2000 livres d'amende. Sera permis aux dits Agens de préter en leur nom & profit, par contract & obligation seulement.

XIV.

Seront justiciables des jurisdictions consulaires, & pouront être nommés arbitres sur les differends des Négocians.

Agens justiciables des Consuls.

XV.

XV.

Leurs privilé-ges.

Toutes les ventes de denrées & de marchandiſes faites par les dits Agents, enſemble les Lettres, billets & autres effets qu'ils auront négociés & cotés, auront privilége ſur les meubles, effets & marchandiſes de ceux qui en ſeront les débiteurs, du jour & date que les négociations & ventes ſe trouveront cotées & enregitrées ſur le carnet & journal des dits Agens, dont ils donneront des certificats, lorſqu'ils en ſeront requis, leſquels ſeront viſés par l'un de leurs confreres, & les contraintes par corps, qui ſeront prononcées en conſéquence, ſeront exécutées.

Pareilles prévogatives ont été accordées par l'édit du mois d'Août 1714. pour l'exécution des ſentences émanées de la Conſervation de *Lion*, contre les débiteurs, dans quelque endroit du Royaume qu'ils ſoient domiciliés, & qu'ils puiſſent être trouvés, même dans leurs maiſons, nonobſtant tous priviléges, exemptions, immunités &

tous

tous édits, Déclarations & Arrêts qui y pouroient être contraires, auxquels il sera derogé pour ce regard seulement.

XVI.

Auront un carnet ou petit Livre de poche & portatif, contenant au moins cinquante feuillets, lequel leur sera delivré par le Sécrétaire des grands Tresoriers & Proviseurs, qui en parafera tous les feuillets, & les cotera premier & dernier; ensuite l'enregitrera par ordre de numero, dans un Livre qu'il tiendra à cet effet, afin qu'on ne puisse pas les suprimer, ni substituer d'autres; auquel Sécrétaire sera payé dix sols de chacun petit Livre pour sa rétribution, & coût du papier, dans lequel petit Livre, ou carnet de poche les dits Agens écriront de suite, sans aucun blanc ni rature, les négociations qu'ils feront, jour par jour, lequel fera foi en justice, en cas de contestations.

Maniere dont ils tiendront leurs comptes.

XVII.

XVII.

Comme aussi auront, outre le dit carnet, un Livre journal, conforme à l'Ordonnance du mois de Mars 1673. art. I. dans lequel ils transcriront, jour par jour, aussi sans blanc ni rature, toutes les affaires qu'ils feront pour le compte d'autrui, tant en recettes, ventes de deniers & marchandises, que recettes & payemens de sommes de deniers; lequel Livre journal ils feront faire à leurs fraix, de quelque volume & grosseur que leurs affaires le requereront; & ne pouront s'en servir qu'après l'avoir fait coter & parafer par le plus prochain Juge Royal du ressort des lieux de leur residence & établissement, auquel ils payeront pour le parafe de chaque Livre journal vingt sols pour tous droits.

XVIII.

Auront, outre les dits carnet & Livre journal, un Livre particulier, pour

pour y transcrire par bordereaux d'especes la recette des impositions, en distinguant les uns des autres, & les payemens aussi par bordereaux d'espèces, qu'ils feront tous les mois à la recette de l'Election, Baillage, ou Senéchaussée du ressort des lieux de leur établissement; lequel Livre leur sera fourni par ceux qui seront à cet effet commis par le Conseil des Finances, après qu'ils en auront coté & parafé toutes les feuilles par premiere & derniere.

XIX.

Pour mettre le Conseil des Finances en état de faire compter les Receveurs generaux & particuliers des Elections, Baillages & Senéchaussées, & obliger les Agens à être exacts à porter leurs recettes aux Receveurs, à la fin de chaque mois, lesdits Agens seront tenus d'envoyer au Conseil des Finances à *Paris*, huit jours après le mois expiré, une copie de la quitance que le Receveur leur aura donnée des sommes par eux payées, à peine de 500 livres

Moyen de faire compter les Receveurs generaux & particuliers.

 vres

vres d'amende, & d'être privés de leur emploi.

XX.

Précautions contre les friponneries.

Comme les plus honnêtes gens peuvent être tentés, lorsqu'ils ont du maniement, & que l'usage observé par les Collecteurs jusqu'à ce jour, d'écrire sur le rôle sans date, ni bordereaux, les sommes qu'ils reçoivent des taillables & contribuables, est mauvais, d'autant qu'on ne voit jamais les espèces reçues, ni quand ils les reçoivent, & que d'ailleurs ils ne donnent aucunes quitances aux taillables; d'où il suit qu'il y en a très souvent qui sont trompés, & qui payent deux fois leurs cotes: pour remédier à ces inconveniens, les Agens préposés par le présent Memoire, seront tenus de donner à chacun des contribuables, & imposés, un extrait de leur cote, & de mettre sur le dit extrait les payemens qui leur seront faits, afin que chaque contribuable ait une quitance, par devers lui, des sommes qu'il payera, la-

quelle

quelle ils repreſenteront, à la fin de chaque mois, au Sindic de la paroiſſe de leur demeure, qui en fera la récapitulation, pour enſuite certifier la recette de l'argent au Collecteur perpétuel, avant qu'il l'aporte au Receveur de l'Election, d'où reſſortira la paroiſſe.

On ne croit pas, après de telles précautions, que dans la ſuite les Collecteurs, ou Receveurs puiſſent cacher leur recette, pour en faire valoir l'argent à leur profit, au détriment des finances du Roi, & à la ruine du commerce.

XXI.

Ce qu'on devra faire, au cas de mort d'un Agent.

Le décès d'aucun des dits Agens arrivant, le Sindic de leur communauté, s'ils en ont une, ou le Sindic de la paroiſſe de leur demeure, s'ils ſe trouvent établis, & s'il n'y a point d'Officiers en nombre ſuffiſant pour former une communauté, pour la ſureté publique, fera apoſer le ſcelé chez l'Agent décédé, & nommer un autre Agent. On donnera avis aux grands

Tresoriers Proviseurs d'en nommer, pour se charger par inventaire des effets & marchandises qui se trouveront sous le scelé, afin d'en continuer la vente au lieu & place du defunt, & en rendre compte aux propriétaires; & au cas que l'Officier choisi fasse quelque malversation dans sa gestion, il sera demis pour toujours de son emploi, & condamné à trois mille livres d'amende. Les carnets, petits Livres de poche, Journaux & Livres particuliers de recettes & payemens des impositions des dits Agens & Collecteurs perpétuels décédés, & de ceux qui pouront prévariquer, & qui seront par conséquent demis de leurs emplois, seront remis au bureau de leur communauté, ou à la chambre & Bourse commune de la paroisse de leur demeure, où il n'y aura point de communauté, pour y avoir recours en cas de besoin, & empécher qu'ils ne soient divertis, ni qu'ils se perdent.

XXII.

XXII.

Ne pouront les dits Agens avoir aucuns Commis, ni Domestiques, pour s'entremettre de leurs fonctions hors de leur domicile, pour ce qui regarde le commerce & négociations, lesquels ils seront tenus de faire eux-mêmes en personne, ou par l'un de leurs confreres: auquel cas la commission & gestion sera partagée par moitié, à peine de 500 livres d'amende.

Obligation pour les Agens de faire leur charge eux-mêmes.

XXIII.

Pouront les dits Agens s'associer ensemble, pour faire les fonctions de leurs emplois seulement.

XXIV.

Pour qu'ils soient toujours informés des mouvemens de la banque & du commerce, ils s'assembleront tous les jours, un certain nombre, à tour de rôle, dans leurs bureaux. Auront relation

Leurs assemblées.

lation & correſpondance les uns avec les autres, & s'enverront réciproquement, aux dépens de leur communauté, des liſtes du prix courant que les denrées, marchandiſes & changes des Lettres & des billets auront à la fin de chaque mois, dans chacune des villes & places de leur établiſſement.

XXV.

Defenſes generales de s'immiſcer dans les fonctions des Agens.

Sera defendu à toutes perſonnes, de quelque rang, dignité & qualité qu'elles puiſſent être, de s'immiſcer dans les fonctions des dits Agens, dans les cas où il y a excluſion ſeulement; & à tous Fabriquans, Marchands forains, étrangers, & autres, de vendre aucunes marchandiſes pour leur compte, ou celui d'autrui, dans les halles, ports & quais, bureaux des Marchands ou communauté, hors le tems des foires & marchés, ſi ce n'eſt par le miniſtere & entremiſe des dits Agens, à peine, contre les uns & les autres, de 3000 livres d'amende, pour la premiere fois, & de punition corporelle pour la ſeconde.

XXVI.

XXVI.

Auront les dits Agens, pour les négociations de banque, finance & autres effets, en deniers comptans, 50 sols par 1000 livres, payables 25 sols par le prêteur, & 25 par l'emprunteur, ainsi que cela est d'usage à *Paris*. Salaires des Agens.

Pour les denrées & marchandises qu'ils feront vendre, de quelque sorte & qualité qu'elles puissent être, du cru, pêche, fabrique & commerce du Royaume, & des pays étrangers, & qui ne seront point emmagasinées chez les dits Agens, il leur sera payé demi pour cent de la valeur des denrées & marchandises.

Pour leurs frais & collectes, port d'argent à la recette, & autres dépenses, les 6 deniers pour livre, attribuées presentement aux Collecteurs, qui n'en jouiront plus à l'avenir, au moyen de ce qu'ils seront chargés du soin de ramasser les impôts des contribuables.

Desquels droits des demi pour cent, & 6 deniers pour livre, ils feront bourse commune, lorsqu'ils seront plusieurs établis dans un même endroit, entre les mains de leur Sindic, qui sera à cet effet leur Tresorier, pour être ensuite repartis entre eux par égale portion.

XXVII.

Autres profits des Agens.

Jouiront en outre, chacun en particulier, sans être obligés de rien raporter à la bourse commune, pour leur commission, provision & frais de magasins, des marchandises & denrées qu'ils vendront, recevront, enverront & acheteront pour le compte d'autrui, soit régnicolles & étrangers, des mêmes droits que ceux qui sont en usage par raport aux differentes qualités des marchandises, & denrées, qui leur seront envoyées, adressées & delivrées, ou qu'ils enverront, & dont jouissent actuellement ceux qui peuvent faire ces sortes de commissions, sans y rien innover, ni changer: & pour toutes les autres affaires dont ils s'entremettront, ils jouiront de la rétribution qui est en usage

pour

pour chaque nature d'affaire, dont on poura les charger, & dont ils conviendront, chacun en particulier, avec ceux qui les en chargeront.

XXVIII.

Exemptions dont ils jouiront.

Jouiront en outre des mêmes exemptions & priviléges que les Commis des Fermiers du Roi, en payant néanmoins une redevance annuelle, à la décharge des taillables; sçavoir ceux de la ville de *Paris*, 30 livres chacun; ceux des autres villes, où il y aura Cour superieure, 25 livres chacun; ceux des grandes villes de commerce, où il y aura Presidial, ou port de mer, 20 livres chacun, & ceux des autres villes & paroisses, où ils seront établis, 15 livres aussi chacun, sans que, pour quelque cause & occasion que se puisse être, ils puissent être contraints à payer d'autres ou plus grandes sommes, pour raison des impositions mises & à mettre, dont ils seront exemptés.

XXIX.

Autre privilége.

Auront les dits Agens privilége & preference, pour les droits qui leur seront dûs des deux dernieres années seulement, sur les meubles de ceux qui leur devront.

XXX.

L'emploi d'Agent compatible avec la qualité de Gentilhomme.

Tous ceux qui exerceront les dits emplois d'Agens, & qui en feront les fonctions réguliérement, sans fraude ni usure, s'ils sont nobles, ne derogeront point à leur noblesse & priviléges, & pouront les dits emplois être exercés avec tous offices & charges d'adjudicature, police & finance, même avec les emplois des fermes du Roi, sans incompatibilité.

XXXI.

Reception des Agens, & qualités qu'ils

Les dits Agens seront reçus par le plus proche Juge Royal des lieux de leur residence, sur la commission scelée

lée du seeau des grands Treforiers & Proviseurs, & préteront devant lui serment; auquel Juge Royal ils payéront 10 livres pour tous droits, à peine de concussion; aux fonctions desquels Agens aucune personne ne sera admise, s'il n'a au moins 20 ans accomplis, & fasse aparoir qu'il est de la Religion *Catholique*, *Apostolique* & *Romaine*.

doivent avoir.

XXXII.

Les grands Tresoriers du commerce, & Proviseurs generaux n'admettront aucune personne aux fonctions des dits Agens, que sur le certificat des Directeurs de la tresorerie & Direction generale du commerce, portant qu'ils ont payé les sommes réglées pour chaque emploi, eu égard à la ville ou paroisse, où l'employé veut faire sa residence; qui ne pouront néanmoins excéder 3000 livres pour chacun des employés.

Conditions auxquelles ils seront admis à ces commissions.

A la charge par les Directeurs de la tresorerie, de faire valoir les sommes

qu'ils

qu'ils recevront, au profit des associés de la tresorerie, tant que les employés jouiront de leur emploi; & lorsqu'ils voudront le quiter, & remettre leur commission, de rendre aux dits employés, qui quiteront l'emploi, les sommes par eux payées à la tresorerie, trois mois après l'avertissement qu'ils en auront couché, ou fait coucher par leur correspondance, sur le Livre que la tresorerie tiendra à cet effet.

XXXIII.

Droits payables par les Agens pour leurs commissions.

Les dits Agens payeront aux grands Tresoriers, en retirant leur commission scelée sur parchemin, sçavoir ceux des grandes villes 20 livres chacun; ceux des autres villes & paroisses 10 livres aussi chacun, & les uns & les autres chacun 3 livres, au Secrétaire des dits grands Tresoriers, non compris le parchemin, pour tous droits, à peine de concussion.

TROI-

TROISIEME PROPOSITION.

D'établir en chaque ville & paroisse du Royaume, autre que celle de *Paris*, une chambre ou Bourse commune, & Direction particuliere, tant des affaires de la communauté de chaque paroisse, que de l'agriculture, commerce, arts & manufactures qui s'y font.

Etablissement de diverses chambres.

Ordonner que chacune des dites chambres sera composée d'un Sindic perpétuel, s'il y en a; d'un Sindic électif, choisi & nommé à la pluralité des voix des habitans de chaque paroisse; d'un Commissaire Inspecteur de l'agriculture, commerce, arts & manufactures, & d'un Agent Tresorier de la Bourse commune, Receveur particulier & Collecteur perpétuel des impositions, dont l'établissement est proposé par le Memoire ci-dessus.

Maniere dont elles seront composées.

Les motifs de l'établissement des dites chambres en chacune paroisse consistent :

I.

Raisons de cet établissement.

Pour établir des correspondances à la tresorerie & Direction generale de commerce de la ville de *Paris*, afin qu'elle ait connoissance de l'état des fabriques & de l'agriculture, pour pouvoir, à point nommé & en connoissance de cause, y répandre de l'argent à ceux qui en auront besoin, pour soutenir leur travail, occuper les peuples, & par ce moyen les empécher d'être oisifs, ou de mandier.

II.

Empécher qu'aucun pauvre ne mandie, soit faute d'ouvrage, ou par vieillesse, caducité & maux extraordinaires, & pourvoir à l'éducation des enfans des ouvriers journaliers & autres artisans, & soulager les uns & les autres dans leurs maladies.

III.

Le menu peuple est plus utile à un Etat que les riches, puisque c'est lui qui fait tous les ouvrages penibles: c'est dans ce même peuple qu'on trouve les Laboureurs, les Vignerons, les Charpentiers, les Menuisiers, les Massons, les Soldats, les Tisserans, & tous les métiers en general qui rendent un Etat florissant. C'est pourquoi on ne sauroit trop avoir d'attention à sa conservation.

IV.

Jusqu'à present, c'est le menu peuple qui a toujours porté le plus lourd fardeau des impositions, ce qui l'a forcé d'abandonner la campagne, de se retirer dans des villes franches, ou de passer dans les pays étrangers.

V.

Ce menu peuple est comme le Soldat qui mange tout, & qui n'épargne

gne rien de sa paye. Or sur la paye du Soldat on retient son habillement & armes, & il n'y pense pas, n'aïant d'attention que sur le peu qui lui revient de reste. Il en est de même de l'artisan journalier : si-tôt qu'il a reçu ses journées, ou le prix de la façon de son ouvrage, il va le dépenser au cabaret ; & à peine en donne-t'il pour faire vivre sa famille : si bien qu'il est difficile de faire payer à ces sortes de gens la moindre imposition ; au lieu que si on faisoit, comme aux Soldats, une retenue sur ses journées, ou façons, tant pour payer sa part d'impositions, que pour l'éducation de ses enfans, & soulager lui & sa famille, dans les maladies qui peuvent leur arriver, il est certain qu'aucun d'eux ne s'y oposeroit, & qu'ils payeroient la meilleure partie des impositions, sans en être incommodés, & même sans s'en apercevoir ; d'autant que cette retenue se feroit sur les hommes, les femmes, enfans, Domestiques, valets & servantes, & generalement sur tous ceux qui gagneroient quelque chose, en quelque sorte &

ma-

maniere que se puisse être: & tous ceux sur qui cette retenue seroit faite, en aïant connoissance, feroient comme le Soldat; ils n'auroient d'attention qu'à ce qui leur en reviendroit de reste, & s'estimeroient heureux de se voir, au moyen de cette retenue, exempts de collecte & de toute sorte d'impôts, dont l'apréhension les empêche de vivre un peu largement, dans la crainte d'une augmentation de cote au premier rôle prochain.

VI.

Comme dans l'arrangement qu'on poura prendre pour la Taille proportionnelle, il est assez difficile de taxer l'industrie du menu peuple, qui se trouve répandue dans une infinité de professions lucratives dans un tems, & qui ne leur produisent rien dans un autre; ou enfin plus lucratives les unes que les autres, & dans une province, une ville ou village plus que dans un autre, on estime que l'établissement des chambres & Bourses communes, proposé en en chaque paroiſſe, eſt fort utile pour parvenir à taxer l'induſtrie du menu peuple, à l'éducation des enfans & au ſoulagement des vieillards caducs & eſtropiés; & des uns & des autres, lorſqu'ils ſeront malades, qui eſt une attention que les Rois doivent avoir, par preference à l'augmentation de leur revenu, puiſque c'eſt du nombre de leurs Sujets qu'ils tirent leurs forces & leur puiſſance.

Utilité de ces chambres en ce que les ouvriers ſeront bien occupés & bien payés.

Ces chambres ainſi établies, les perſonnes, qui les compoſeront, ſeront à portée de connoître les differentes profeſſions des habitans des paroiſſes de leur demeure, & ce que chacun gagne par jour, ou par façon ou entrepriſes; & s'il arrive qu'ils ne le ſachent pas parfaitement, ceux qui feront travailler, les inſtruiront; au lieu que ſi on ne fait pas cet établiſſement, on ne parviendra que très imparfaitement à taxer l'induſtrie: on ne ſoulagera point les pauvres dans leurs beſoins: la dureté continuera dans les riches, qui feront leurs ouvrages eux-mêmes, plûtôt

tôt que d'occuper de pauvres journaliers ; ou s'ils les occupent, ils les forceront à donner leur tems & leur travail pour une vie très frugale qu'ils leur donneront, & croiront encore leurs faire charité : en sorte que, pendant que le pauvre homme gagnera sa vie d'un côté, il faudra que sa femme & ses enfans aillent mandier leur pain de l'autre. Cela n'arrivera absolument pas, si cet établissement est fait ; d'autant que plus les ouvriers gagneront & plus il y en aura d'occupés, plus la retenue sera considerable : & la Bourse commune de la paroisse aïant de gros fonds, elle sera en état de payer les impositions, non seulement des pauvres, mais encore des riches qui les auront occupés. Cela est d'une singuliere attention, pour que personne ne soit oisif, qu'il n'y ait aucun pauvre qui mandie, & que les enfans soient bien élevés.

L'éducation des enfans du commun pourvue.

Il n'y aura plus qu'à ordonner que tous les journaliers, manœuvriers, serviteurs, Domestiques, compagnons, & tous gens de métier, de quelque âge,

 sexe

ſexe & qualité qu'ils ſoient, qui travaillent à journées, façons & entrepriſes, gages, ou apointemens, qui voudront être exempts des impôts, collecte d'iceux, ſolidité & rejets, chacun dans les paroiſſes où ils feront leur reſidence, pour faire inſtruire & élever leurs enfans juſqu'à l'âge de dix ans, & être ſoulagés dans leurs beſoins étant malades, eſtropiés ou devenu caducs, ſeront tenus de ſe faire inſcrire à la chambre de Direction de la paroiſſe de leur demeure, ſur le Livre que le Commiſſaire Inſpecteur tiendra à cet effet.

Soin qu'on aura que les gens de la paroiſſe ayent de l'ouvrage.

Que la chambre & Direction de chaque paroiſſe, ou les perſonnes préposées pour la compoſer, auront ſoin que ceux qui ſeront inſcrits ſur le Livre du Commiſſaire Inſpecteur, ayent de l'ouvrage & ſoient occupés, par preference à ceux qui n'y ſeront pas inſcrits; veilleront à ce qu'aucun des habitans, ni autres, ne mandient: & s'il y en a quelqu'un qui faſſe cet exercice fainéant, ils le feront arréter & conduire en priſon. A ce faire les

Pre-

Prevôts & Officiers de Justice seront tenus de donner main forte *gratis*.

Qu'il sera retenu sur tous ceux qui seront inscrits sur le Livre du Commissaire Inspecteur, le cinquieme de ce qu'ils gagneront par jour, mois ou années, ou par entreprises ; laquelle retenue sera faite par l'Agent Tresorier de la Bourse commune de la paroisse.

Argent retenu sur leurs salaires.

Et à cet effet, tous ceux qui feront travailler, ou qui auront des Commis ou Domestiques, remettront ès mains du Tresorier ce qu'ils devront payer aux uns & aux autres, pour gages, apointemens, journées, façons ou entreprises, dans les tems qu'ils seront convenus, afin que le Tresorier puisse payer pour eux, & faire la retenue ordonnée.

L'ouvrier qui gagnera beaucoup, aura beaucoup de reste ; celui qui gagnera peu, payera peu, & aura peu de reste : ainsi la proportion sera gardée, sans qu'aucun puisse s'en plaindre.

Equité de ce plan.

De cette retenue d'un cinquieme sur les journaliers, gens de métier & au-

Usage de cet Argent.

autres, il y en aura moitié pour la Bourse commune, qui sera employée à l'éducation & nourriture des enfans, & à soulager & nourir les pauvres caducs, malades & estropiés, afin qu'aucun ne mandie. Pour exciter les jeunes hommes à se marier & travailler, ils seront mis à la Taille, concurremment avec ceux qui seront mariés, afin que n'y aiant point de difference des uns aux autres, ils se déterminent à se marier, n'y aiant que la Taille qui y aporte obstacle, & qui les emporte à la débauche.

Le Roi est le pere de ses peuples, & en cette qualité S. M. est obligée de veiller à leur subsistance.

Utilité du commerce du bled.

C'est une erreur de croire qu'il ne faut jamais toucher aux bleds : on y peut toucher, sans que cela cause le moindre derangement : I. pour en connoître la qualité. II. Pour en reserver la provision. III. Pour en permettre le transport du surplus à l'Etranger ; & cette mâne ne devient marchandise que lors qu'on l'a transportée à l'Etranger.

C'est

C'est pourquoi, avant que de permettre le titre de commerce, il faut que la subsistance des enfans soit assurée ; & il est impossible à S. M. d'entrer dans ce grand détail si utile, si nécessaire & si indispensable, qu'en établissant les chambres & Bourses communes proposées, & les grands Tresoriers & Proviseurs, pour en avoir l'inspection.

Et nécessité d'en reserver une quantité sufisante.

Si on ne veut pas être surpris des disettes & chereté de grains, il faut, à l'exemple des divines précautions inspirées à *Joseph*, fils de *Jacob*, les prévenir de loin, puisque tous les reglemens qu'on fait, lorsqu'elles sont arrivées, bien loin d'y remédier, augmentent le mal qu'elles causent, en les faisant connoître plus grandes qu'elles ne sont effectivement, dont les usuriers du dedans, & les étrangers au dehors, profitent.

Les exemples de 1709. & 1713. en sont trop récens, pour en douter.

Proportion de ce que chacun payera d'impôts.

De cette maniere, l'industrie se trouvera taxée à ce que chacun gagnera ; ensorte que celui qui gagnera 3 livres

vres payera 12 sols, & celui qui ne gagnera que 15 sols, n'en payera que 3; avec cette difference que la retenue étant une fois faite, ce qui leur restera est quite de tous impôts, & le peu qu'on leur retiendra leur assure, outre cela, la dépense pour l'éducation de leurs enfans, & les soulage dans leurs maladies. Tous ceux qui ne seront pas inscrits sur le Livre du Commissaire Inspecteur, seront imposés à l'ordinaire arbitrairement, & ne participeront en aucune maniere aux avantages de la Bourse commune. Il leur sera très expressément defendu, sous de rigoureuses peines, à eux, ou leurs femmes & enfans, de mandier.

Etat que chaque paroisse dressera de ses recoltes.

La chambre & Direction particuliere de chaque paroisse prendra connoissance des recoltes, & en envoira tous les ans, à la fin d'Octobre, un état aux grands Tresoriers Proviseurs, auquel ils joindront un état de ce qu'il leur faut pour leur provision, de deux ans la premiere année seulement, & d'un an les secondes & suivantes, par raport à la quantité de peuple dont la com-

communauté de chacune de leurs paroisses sera composée, afin de mettre les dits grands Tresoriers Proviseurs en état de prévenir les disettes, ou de procurer la vente des grains superflus, par l'entremise de la Direction generale du commerce, & de ses correspondances.

Profits du Commissaire Inspecteur pour cet effet.

Il sera accordé au Commissaire Inspecteur 6 deniers pour livre, du montant de la retenue du cinquieme, qui sera faite sur les ouvriers & tous ceux inscrits sur son Livre, dont il jouira, pour lui tenir lieu de gages & apointemens.

Sa nomination.

La nomination du dit Commissaire Inspecteur apartiendra aux grands Tresoriers Proviseurs, qui lui delivreront des Commissions scelées du sceau de leurs armes, en payant 3 livres & 20 deniers à leur Secrétaire, à peine de concussion; lesquels seront reçus par le plus prochain Juge Royal des lieux de leur demeure, sans frais.

III. MEMOIRE,

Touchant la Taille réelle & proportionelle.

Nécessité d'un reglement nouveau sur la Taille.

IL est certain qu'un reglement nouveau sur la Taille, qui puisse remédier aux desordres qui accompagnent aujourd'hui la perception de cette imposition, est un des plus dignes objets que le Régent du Royaume puisse se proposer, pour sa gloire particuliere, pour s'attirer la benédiction & l'amour des peuples, & pour faire pratiquer la premiere espèce de justice distributive qu'il doit lui-même à l'Etat.

Histoire de la Taille proportionelle.

La Taille, c'est à dire une certaine cotisation des Sujets, par raport à leurs biens, meubles & immeubles, par raport au produit de leurs terres, & par raport à leur industrie & à leur commerce,

merce, a été établie définitivement par le Roi *Charles* VII. en 1444. pour tenir lieu du service des fiefs, qui ne pouvoient plus être continués. Mais l'on y joignit deux autres sortes d'impôts, qui ont toujours fait depuis une diversion fâcheuse à celui de la Taille, qui naturellement auroit dû exclure tous les autres; savoir le droit d'Ayde sur la vente des boissons, & le droit de gabelle sur la vente & revente du sel, dans l'étendue du Royaume. On ne sauroit nier que ces deux impôts n'ayent diminué, au moment, de la moitié ce que l'on auroit pu tirer de la seule Taille; & qu'en faisant cette diminution, le Souverain ne se soit d'autre part assujetti à des frais immenses, pour la perception des deux droits imaginés pour être le suplément de la Taille.

Preuves qu'elle est desavantageuse.

C'est ce que l'on peut aisément juger, si l'on entre dans le détail de ce que coutent à l'Etat les Régisseurs des Aydes, leurs Gardes, Commis & Receveurs, & pareillement ceux qui sont établis pour le sel; sans compter ce qui

coute

coute aux Particuliers, pour la peine des contraventions, qui montent annuellement à la ruine, & à la captivité, ou condamnation aux galeres, ou à la mort de plus de quatre cents personnes.

Mr. *Colbert* trouva en 1661. les Tailles établies sur le pied de soixante-six millions d'impositions annuelles; mais les nonvaleurs les réduisoient ordinairement à quarante-quatre; & la raison de ces nonvaleurs ne se peut trouver que dans la diversion que faisoit dès lors la perception des Aydes & des gabelles.

Changement que Mr. de *Colbert* y fit.

C'est ce qui le porta à retrancher tout d'un coup les nonvalleurs, & à réduire les Tailles à quarante millions d'imposition ordinaire, parce que d'un autre côté, pour sauver la perte que le Roi auroit faite dans son revenu, il fit monter le bail des Aydes à vingt-quatre millions, outre ce qu'il tiroit des gabelles & cinq grosses fermes.

Mais pour établir ce produit des Aydes, il ne prit pas garde que l'établissement nouveau des Commis, & au-

autres gens néceſſaires au recouvrement, couteroit le double à l'Etat de ce que le Roi en auroit à ſon profit, outre les gains que feroient immanquablement les Fermiers, Sous-Fermiers & autres Traitans, qui ont produit des fortunes immenſes.

Inconveniens de l'établiſſement des bureaux.

Et de là il eſt arrivé que, par l'établiſſement de divers bureaux, qui ont rendu l'entrée des villes & le commerce de la campagne impraticables, la conſommation a tellement diminué, que les marchandiſes, & le produit des terres, ont peri entre les mains des propriétaires, ou qu'ils n'ont pu s'en defaire qu'à moitié de valeur: ce qui aïant été continué depuis ſoixante ans, a non ſeulement réduit le bail des Aydes à huit millions, de vingt-quatre, qui eſt les deux tiers de perte, mais a rendu encore la perception de la Taille impoſſible dans pluſieurs provinces, & ainſi occaſionné une double perte pour le Roi; outre l'exceſſive & indicible pauvreté des Sujets, qui fait perir annuellement un ſixieme des habitans du Royaume, faute de ſecours

dans

dans les maladies, ou par desertion, pour se retirer dans les villes; où une partie se met en service, & l'autre meurt dans les hopitaux.

Injustices qui se pratiquent dans la repartition des Tailles.

La misere a produit l'injustice dans la repartition des Tailles, & celle-ci les haines & les vengeances entre les Particuliers: ce qui fait que la Taille imposée d'abord arbitrairement par les Intendans, & sans connoissance de la force réelle & effective des villages, mais par une routine sans exactitude, & souvent sur la recommandation des interressés, se trouve ensuite repartie par des paysans animés les uns contre les autres, ou passionnés en faveur de leurs amis; de sorte qu'il n'en sauroit resulter que la ruine des villages, les uns après les autres, & une injustice déclarée & indéterminable dans l'imposition particuliere, qui a déja anéanti tous les anciens propriétaires, les réduisant à la mandicité, comme elle a donné lieu aux industrieux, qui ne sont jamais les plus gens de bien, de faire fortune.

Mauvais effets

C'est par de telles voies que non seulement

lement la vertu ſe détruit dans un Etat, mais encore que l'idée s'en perd totalement, & qu'il y ſuccède un ſentiment de partialité, en conſéquence de laquelle la religion, l'honneur & la vertu, ſont bannis : deſordre qui eſt l'avant-coureur certain de la deſtruction d'un Etat, malgré la politique des plus habiles Princes & Miniſtres. Il n'y a donc point un plus digne objet de l'aplication d'un Prince auſſi bien intentionné que le Régent l'eſt aujourd'hui, que la recherche des remèdes convenables à de ſi grands deſordres.

qu'elles produiſent.

Pour y parvenir, il a fait un eſſai dans la Generalité de la *Rochelle*, de ce que produiſoit certaine impoſition ſur les beſtiaux, & ſur l'induſtrie des habitans, réglée ſuivant un tarif general, & en même tems l'impoſition d'un dixieme ſur le produit des terres. Ce reglement a paru imprimé à la ſuite d'un Arrêt du Conſeil, qui a autoriſé des Commiſſaires à l'effet d'en faire l'établiſſement; mais le ſuccès n'a pas répondu à l'eſperance, vu les plaintes ſorties de cette province, qui

Eſſai du Régent pour y remédier.

qui roulent principalement ſur trois chefs.

Cauſes du peu de ſuccès qu'il a eu.

I. Que les Adjudicataires du dixieme de chaque produit font des gains conſiderables ſur les paroiſſes, qui ne vont point à leur décharge, & qui augmentent leurs impoſitions, ſans que le Roi en profite.

II. Que les ſoumiſſions, où le Roi aſſujettit les Particuliers envers les Adjudicataires, ſont tellement onereuſes, qu'il n'y a perſonne qui ne donnat la moitié de ſon bien pour en être delivré, & que ces ſoumiſſions ſeront des ſujets de conteſtations perpétuelles, & par conſéquent de procès & de vexations.

III. Que le reglement, par faute d'avoir été aſſez médité, ou dreſſé par gens entendus au manége de la campagne, contient des articles inutiles, mal convenables aux lieux pour leſquels ils ſont établis; & qu'enfin il laiſſe croire qu'ils ont été plutôt formés pour augmenter le produit de la Taille, que pour le ſoulagement des peuples. De plus on ſe plaint que la ſomme des ad-

adjudications n'aïant point été publiée, on ignore si bien l'effet du reglement, que le Particulier, au lieu de s'en croire soulagé, s'en croit foulé & surchargé, principalement à cause des nouvelles servitudes; outre que les fortunes subites que feront immanquablement les Adjudicataires, vont exciter de nouvelles jalousies.

On ne voi point non plus que les paroisses surchargées ayent reçu aucun soulagement, ni que celles qui ont été favorisées ci-devant par les Intendans, portent aucune augmentation au profit des malheureux.

Mais si un tel reglement excite tant de plaintes & de murmures, dans un pays rédimé des gabelles, la Taille n'étant réglée qu'au dixiéme du produit, que sera-ce dans un pays non rédimé, où l'imposition du sel monte à la moitié de la Taille, & où néanmoins l'on fixe celle-ci au douzieme du produit.

Preuve qu'il réüssiroit encore moins ailleurs.

Il est évident que, si l'intention de la Cour n'est pas d'augmenter l'imposition, elle devroit se contenter du quin-

Et qu'on doit se contenter du quinzieme.

quinzieme, pour la mesure égale dans tout le Royaume, parceque tout homme conviendra qu'il n'y a point de proportion entre l'impôt au dixieme, dans un pays rédimé, & l'impôt au douzieme, en pays non rédimé. C'est donc une plainte légitime de la province de *Normandie* contre le reglement de l'Election de *Pont l'Evêque* par le Marquis de *Cilly*.

Mais outre cette plainte qui a plutôt raport à la Cour, & aux ordres donnés aux Commissaires de ce Canton, qu'au reglement dont ils sont les auteurs, on attaque le reglement même:

Plaintes contre le reglement du Duc d'*Orléans*.

I. Par raport aux plaintes communes à la Generalité de la *Rochelle*, contre le gain des Adjudicataires, & contre les soumissions ordonnées aux Particuliers. Les hommes ont par tout pays un amour naturel pour la liberté, qui les révoltera toujours, quand ils ne pouront pas s'estimer quites, en payant ce qui leur est demandé ou imposé juridiquement, & il n'y a point de patience à l'épreuve des recherches d'un d'un Adjudicataire avide & autorisé, quand même il ne seroit qu'user de son droit.

Que l'on imagine d'ailleurs quelle peine & quelle sujettion pour les Particuliers de voiturer, par preference à leurs propres recoltes, le douzieme dû à l'Adjudicataire, lorsque l'inconstance des saisons & du tems, au bord de la mer, leur fait justement aprehender de voir perir la leur.

II. On attaque le reglement par la multiplicité des articles, & des differentes taxes des bestiaux, en faisant quinze ou seize espèces des seuls bœufs & vaches.

Grand bœuf gras,
Grand bœuf maigre.
Petit bœuf gras,
Petit bœuf maigre.
Grande vache grasse,
Grande vache maigre.
Genisse grasse,
Genisse maigre.
Taureau gras,
Taureau maigre,

 Tau-

Taureau ſaillant.
Veau d'un an,
Veau de ſix mois,
Veau de lait.

Comment il auroit dû être conſtruit.

Or il eſt impoſſible qu'il n'y ait des conteſtations ſur le ſujet d'un reglement qui établit une ſi grande variété de taxes & d'objets d'impoſition. N'étoit-il pas plus court, plus facile, plus conforme à l'intention du Roi, plus convenable au bien de chaque paroiſſe, d'en examiner le produit, & de dire, par exemple, telle pâture porte cent vaches, ou ſoixante bœufs; donc elle doit payer tant, à raiſon de tels impôts ſur les vaches, ou de tels autres ſur les bœufs, ſans s'embaraſſer du renouvellement des beſtiaux que le propriétaire, ou fermier, y peut mettre dans le cours de l'année?

Raiſons de le conſtruire de la ſorte par raport aux beſtiaux.

En effet, on ne met point un bœuf gras dans la pâture pour l'y laiſſer; on l'y met pour l'y engraiſſer: or auquel des deux états veut-on que le bœuf ſoit taxé? De plus les pâtures portent ordinairement trois levées de de bestiaux : entend-on que les trois levées payeront également la taxe.

En ce cas, la pâture de cent vaches payera pour trois cents ; ce qui tripleroit & quatrupleroit la Taille, au lieu de la proportioner.

Il en est de même des produits des laboureurs, où les differences sont telles que l'on peut assurer avec verité, qu'il est impossible d'établir aucune juste proportion entre les differentes natures de terroir, par un reglement general. Ces differentes considerations sur la réalité de la chose, & de son importance, comme sur la difficulté de l'exécution, ont fait imaginer à un Serviteur zelé de S. A. R. une autre conduite du reglement de la Taille, & il s'est fondé en experience dans l'Election de *Neufchatel* & Generalité de *Rouen*. L'occasion s'en est presentée sur ce que ce Particulier se trouve Seigneur de trois gros villages, & d'un petit, dont les habitans l'ont fréquemment suplié de travailler à leur faire obtenir quelque reglement sur la Taille ; de sorte que s'étant rendu à

Et par raport aux ouvriers.

 leurs

leurs instances, il a fait assembler chez lui les habitans de ces differentes paroisses, en presence du Subdelégué de l'Intendant, ou Receveur des Tailles, & d'un Officier de l'Election, gens éclairés & bien intentionnés. Il a fait intervenir les Curés & les Décimateurs des mêmes paroisses, pour être contradicteurs, & ensuite a reçu solemnellement la déclaration de chacun des dits habitans, en bestiaux & recoltes des bleds, foins & fruits, suivant l'état ci-après dressé.

St. Faire,

Etat de la Taille des paroisses de *St. Faire*, *Beaubec*, *Gemenil-Mauger* & *Nesle en Bray*.

Grande paroisse de deux cents cotes & huit cents communians, nature d'herbages, plantée de pommiers, & de prairies, ou pâtures de vaches, un tiers en bruyeres & sables, où il se recolte quelques grains, & environ trente arpens de bois :

Por-

Porte en l'année presente 1719.
pour Taille. - - - - 4344 liv. 13 sols

Les bestiaux sujets à la taxe sont

Chevaux	71 à 1 l. - - -	71 -	0
Vaches	676 à 2 10 f.	1690 -	0
Moutons & brebis	389 à 0 4 -	77 -	16
Porcs	124 à 0 - 6 - -	37 -	4
Industrie	- - - - - - - - -	247 -	- 0
		2123	

Produit de la terre.

Foins 46070 à 100 l. le millier	4607 l. Le 12 me.	383 - 18 - 4
Bleds 13095 à 40 l. le cent	5238 Le 12 me.	436 - 10 - 0
Mars (*) 9720 à 30 l. le cent	2916 Le 12 me.	243 - 0 - 0
Boissons 739 muids à 10 l. le muid	7390 Le 12 me.	615 - 16 - 8
Total de la taxe - - - - -		3802 - 5 - 0

La Paroisse de *St. Faire* imposée à -	4344 - 13 - 0
Ne produit par industrie, taxe des bestiaux, & 12 me. des fruits que - - - - - - - - -	3802 - 5 - 0
Partant vexée de - - - - - - -	542 - 8 - 0

Il

(*) *On nomme ainsi les petites graines qu'on seme en Mars.*

Il y a dans cette paroiſſe une pâture de trente vaches apartenante au Seigneur, laquelle il fait valoir, exempte.

Plus un Gentilhomme, faiſant valoir environ huit cents livres, exempt.

Plus un Elu, faiſant valoir deux cents livres de femage, exempt.

Plus le Curé & le Vicaire, exempts.

BEAUBEC,

Paroiſſe médiocre de cent vingt cotes & ſix cents communians, nature d'herbages, plantée de pommiers, & environ mille à douze cents arpents de bois taillis, apartenant partie à l'Abbé de *Beaubec*, qui les a fait valoir, & partie à un Gentilhomme du pays, & quelques pâtures de vaches.

Por-

Porte en la présente année 1719. pour Taille - - - - - - - 3822 l. 10 s.

Les bestiaux sujets à la taxe sont

Chevaux	45	à 1 l.	45
Vaches	669	à 2 - 10 s.	1672 - 10
Moutons & brebis	54	à 0 - 4	10 - 16
Porcs	20	à 0 - 6	24
Industrie - - - - - - - - -			157
			1909 - 6

Produit de la terre.

Foins	18970		à 100 l. le	
millier		1897 l.	Le 12 me.	158 - 1 - 8
Bleds	6900		à 40 l. le	
cent		2760	Le 12 me.	230
Mars	7300		à 30 l. le	
cent		2190	Le 12 me.	182 - 10
Boissons	400 muids		à 10 l. le	
muid		4000	Le 12 me.	333 - 6 - 8
Total de la taxe - - - -				2813 - 4 - 4

La paroisse de *Beaubec* imposée à - 3822 - 10

Ne produit par industrie, taxe des bestiaux, & 12 me. des fruits que - - - - - - - - - 2813 - 4 - 4

Partant vexée de - - - - - - 1009 - 5 - 8

Il n'y a nul exempt en cette paroisse que l'Abbé de *Beaubec* pour ses bois, le Curé & le Vicaire.

GEMENIL-MAUGER,

Petite paroisse de quarante cotes & cent vingt communians, nature d'herbages, plantée de pommiers, où l'on rompt quelques morceaux de pâture pour recueillir du bled.

Porte en la presente année 1719.
pour Taille 1200 l.

Les bestiaux sujets à la taxe sont

Chevaux	19	à 1 l.		19
Vaches	131	à 2	10 f.	327 - 10
Moutons	63	à 0	4	12 - 12
Porcs	27	à 0	6	8 - 2
Industrie	- - - - - - - - -			42
				409 - 4

Pour

Pour le montant ci-devant - - 409 l. 4 s.

Produit de la terre.

Foins 7050		à 100 l. le	
millier	705 l.	Le 12 me.	58 l. 15 s.
Bleds 2140		à 40 l. le	
cent	856	Le 12 me.	71 - 6 - 8
Mars 1640		à 30 l. le	
cent	492	Le 12 me.	41
Boissons 167 muids		à 10 l. le	
muid	1670	Le 12 me.	139 - 3 - 4
Total de la taxe			719 - 9

La paroisse de *Gemenil-Mauger* imposée à - - - - - - - - - 1200

Ne produit par industrie, taxe des bestiaux, & 12 me. des fruits que - - - - - - - - - - 719 - 9

Partant vexée de - - - - - - 480 - 11

Il y a un exempt dans cette paroisse, qui payoit seul 600 liv. de Taille, avant que d'avoir acheté une charge de 4000 liv. chez Me. la Dauphine, & l'on n'a point diminué cette paroisse, par raport à cette perte.

NESLE

NESLE EN BRAY,

Paroisse médiocre de cent dix-neuf cotes & cinq cents communians, nature un tiers d'herbages secs, plantée de pommiers, les deux tiers de labeur, petites terres, ou fortes terres, deux cents arpens de bois au Seigneur:

Porte en la presente année 1719.
pour Taille 1639 l. 12 - 6

Les bestiaux sujets à la taxe sont

Chevaux	59	à 1 l.		59
Vaches	247	à 2	10 s.	617 - 10
Moutons	250	à 0	4	50
Porcs	60	à 0	6	18
Industrie	- - -	- - -		113
				857 - 10

Pro-

Pour le montant ci-devant - - - - 857 l. 10 - 5

Produit de la terre.

Foins 13450	à 100 l. le		
millier	1345 l. Le 12 me.	112 - 1 - 8	
Bleds 13200	à 40 l. le		
cent	5280 Le 12 me.	440	
Mars 6600	à 30 l. le		
cent	1980 Le 12 me.	165	
Boissons 275 muids	à 10 l. le		
cent	2750 Le 12 me.	229 - 3 - 4	

Total de la taxe - - - - - 1803 - 15

La paroisse de *Nesle en Bray* produit par industrie, taxe des bestiaux, & 12 me. des fruits - - 1803 - 15

Elle est imposée à - - - - - - 1639 - 12 - 6

Partant elle a de bon - - 164 - 2 - 6

L'Auteur de ce Memoire a eu la facilité de croire qu'en conséquence du travail précédent, il pouvoit s'adresser à l'Intendant de la province, & lui representer la surcharge de trois de ces paroisses, & la faveur visible faite à la quatrieme: surcharge & faveur qui continuent depuis quarante ans. Mais loin

loin d'accorder aucune diminution en faveur des oprimés, il a répondu que la demande ne paroissoit avoir aucun raport avec la proposition d'égaler & de proportioner la Taille.

Impossibilité que les Intendans règlent l'imposition des Tailles selon la justice.

Ainsi l'on peut en quelque façon s'assurer qu'il est impossible d'obtenir des Intendans aucune règle ni méthode pour l'imposition des paroisses, autre que celle qui dépendra de la faveur, plus ou moins grande, que les interessés auront auprès d'eux, pour faire soulager les unes, au dommage des autres, & les ruiner à la fin toutes l'une après l'autre. Ainsi, pour en revenir à l'exécution du projet general fait sur la Taille, il est évident :

Leur oposition à un projet general de la Taille.

I. Qu'il sera toujours traversé & renversé, s'il est possible, tant par les Intendans que par les Officiers de l'Election, & par tous ceux qui, aïant accès auprès d'eux, savent bien les moyens de faire décharger leur paroisse, à la ruine des autres.

Injustice & inconvenient de la

II. Que la Taille au douzieme est excessive en pays de gabelles, & qu'elle abimera nécessairement les lieux où elle

elle sera établie, si non sur le champ, du moins dans certain nombre d'années, parce que l'imposition du sel montant à la moitié de la Taille, celui qui paye le douzieme de sa recolte, outre la taxe d'industrie & de bestiaux, avec l'impôt du sel, se trouve réduit de douze parts à sept, pendant que la Generalité de la *Rochelle* en conserve neuf à son profit.

Taille au douzieme.

La demonstration de ce calcul est incontestable. Soit donnée une paroisse telle que celle de *St. Faire*, dont la recolte de la terre, y compris le produit des vaches, à raison de 25. livres, moutons & porcs à proportion, montera à 37754 livres. Je retranche d'abord de ce produit les prix des baux de toute la paroisse, qui se trouvent monter à 26800 livres. Partant il restera de bon aux habitans 10954. livres. Si l'on y joint le revenu de la dixme Ecclesiastique, on portera le tout à treize mille livres.

Demonstration de cette verité.

Mais le Roi lève de la même paroisse en *Normandie* 6600 livres; & dans la Generalité de la *Rochelle*, il ne leveroit

Disproportion entre la Taille de *Norman-*

die & celle de la *Rochelle*.

veroit que 4300 livres. Partant la paroisse n'a de bon en *Normandie* que 6500 livres, & dans la Generalité de la *Rochelle*, elle auroit 8700 livres. La disproportion de l'impôt d'une Generalité rédimée à celle qui ne l'est point, est donc encore plus grande que je ne l'avois estimé dans le premier calcul.

Defauts du projet du Duc Régent en soi-même.

III. Que le projet est vicieux en lui-même, par raport à l'abus infini des adjudications, soit du côté du gain que les Adjudicataires feront nécessairement sur les paroisses; soit par raport aux fraudes qui se commettront dans l'adjudication même, si ce sont les Elus, & les Intendans & leurs Secrétaires qui s'en mêlent; soit par raport aux soumissions où l'on assujettit les taillables, qui sont si contraires à la maniere dont les Particuliers se gouvernent dans leur menage, qu'il n'y en a aucun qui puisse les suporter à la longue.

L'on peut juger, après cela, de l'impression que doit faire sur les esprits un établissement de cette sorte, sur-

ſurtout étant nouveau & inuſité dans le Royaume.

IV. Les minuties, auxquelles ce projet s'attache, ſous prétexte d'une juſtice plus exacte, ſeront des occaſions néceſſaires de conteſtations & conſéquemment de procès preſque interminables, entre les Adjudicataires & les taillables ? A-t'on jamais oui parler d'une diminution de ſeize impôts differens, ſur la ſeule eſpèce de bœufs & de vaches ? Ceux qui imaginent de telles differences, abandonnent l'objet eſſentiel, qui eſt le produit de la terre, pour courir après un fantôme de juſtice impraticable. En effet, quand on met un bœuf, ou une vache, à l'herbage, ce n'eſt à autre fin que de s'y engraiſſer, ou de les maintenir dans la graiſſe. Il n'y a perſonne du pays qui ne ſache exactement combien telle ou telle pâture peut porter à la fois de bœufs, ou de vaches, ou de geniſſes, & qui ne ſache compenſer la nouriture des uns & des autres ; deux geniſſes contre une vache, & cent vaches contre ſoixante

Inconvenient des minuties dans leſquelles entre ce projet.

 bœufs.

bœufs. Ainsi rien n'est si aisé que de proportionner l'impôt au produit de la terre, quelque espèce de bétail que l'on y veuille faire pâturer.

Impossibilité de ce détail, & injustices qu'il occasionneroit.

D'ailleurs cela est-il croyable, qu'il ait pu tomber dans l'esprit de ceux qui sont chargés de l'exécution d'un si grand projet, de faire marquer les bestiaux par les Adjudicataires, comme s'ils leur apartenoient en propre? N'est-ce pas leur donner occasion de les reclamer dans les marchés, comme propriétaires, & par-là favoriser toutes les vexations qu'ils voudront faire? Il étoit encore une fois bien plus court, plus simple & plus naturel, d'examiner ce qu'une pâture peut porter effectivement de bœufs, ou de vaches, & d'en imposer la taxe à celui qui la fait valoir, sans l'embarasser du détail, à ces changemens de bestiaux qui s'y doivent faire nécessairement, si l'on veut souffrir que la pâture raporte son revenu au Fermier, ou au propriétaire.

Autres inconveniens de ce systême.

De plus, le projet, tel qu'il est proposé & exécuté au *Pont-l'Evêque*, supose un impossible, capable de réduire

duire les peuples au desespoir, parce qu'il leur fera payer le triple de la Taille arbitraire : ce qui est facile à demontrer. Toute vache de graisse y est taxée à trente-six sols, pour pâture nouvelle de vaches au moins trois fois par an, & de bœufs à proportion. Si donc une pâture porte cent vaches à la fois, elle sera tenue de payer pour trois cents, sans compter les moutons, que l'on y jette après la *Ste. Catherine*. Or une pâture de cent vaches raporte communément au propriétaire 1600. livres. Mais suivant l'imposition nouvelle, elle en payera 540, pour les seules vaches : ce qui excède toute proportion.

Il est difficile de marquer tous les inconveniens du sistême du Marquis de *Silly*, parce qu'il n'y a point d'article qui n'en presente une quantité, dont les conséquences paroissent exorbitantes. Mais comme ce Memoire ne tend qu'à abréger matiere, voici quelques reflexions sur l'imposition pratiquée à l'égard des terres à bled, dans un pays mêlé comme l'est le *Pont-l'Evêque*,

vêque, ou comme celles de *Newfchâtel.*

Reflexions sur l'imposition pratiquée à l'égard des terres à bled dans un pays mêlé.

Etant donnée une ferme de 500 livres, qui paye communément, à raison de 3 sols par livre de femage, 75 liv. de la Taille.

L'exploitation de cette Ferme raporte,

Foins 1500 - à 100 l. le millier. Le
12me est estimé - 12 l. 10

Bleds 1444 - à 40 le cent. Le
12me est estimé - 48

Mars 900 - à 30 le cent. Le
12me est estimé - 22 - 10

Boissons 7 m. à 10 le m. Le
12me est estimé - - 5 - 16 - 8

Le Fermier a de plus 6. Chevaux taxés - 6

Vaches 9 taxés aux trois changemens 48 - 12

Moutons 80 taxés à - - - - - 20

Grands porcs 2 taxés à - - - - - 16

Petits porcs 6 taxés à - - - - - - 1 - 4

2 Grands valets & un petit qui est aussi
enfant du Fermier - - - - - - 5

2 Servantes, filles du Fermier, grande
& petite - - - - - - - - - 3

1 Bidet pour porter le Fermier - - 1

174 - 8 - 8

On

Conséquences du calcul précédent.

On voit d'abord que ce Fermier payera cent livres au dessus de sa Taille usitée. Mais de plus il faut considerer que la nature de ses terres exige six chevaux & trois valets, pour recueillir trois milliers de grains, bleds & mars, tandis qu'à un autre, pour pareille recolte, il ne faut que deux chevaux & un valet; que le foin & les mars sont la nouriture de ses vaches & chevaux en hiver; que les cidres sont sa boisson; qu'il ne fait argent que du bled & du commerce de ses vaches & moutons; qu'il est chargé de la nouriture de ses valets & servantes, comme s'ils étoient étrangers, & des frais du charroi, du maréchal & autres; qu'il vit lui-même sur la ferme; qu'il en paye la dixme au Curé; le prix ou loyer de cinq cents livres au propriétaire; la Taille de 75 livres, & le sel de 40 livres aux Collecteurs & Receveurs préposés.

Si le reglement augmente donc un tel Fermier de cent livres de Taille, il faut que la ferme soit réduite à 400 liv. ou que le Fermier en abandonne la culture.

Si je ne craignois de tomber dans une longueur incommode, je donnerois un autre exemple d'un Fermier de 2000 livres, qui paye ses deux cents livres de Taille, & cent liv. d'impôts du sel, dont la Taille, suivant ce reglement, sera portée seule à près de 800 liv.

Profit qui revient aux Adjudicataires des Tailles ainsi fixées.

Il ne faut donc pas s'étonner si l'on trouve sur ce pied-là les Adjudicataires de bonne volonté, qui veulent bien se rendre garands de la Taille, & qui fournissent de bonnes cautions à Mrs. les Commissaires, ou au Receveur des Tailles. Le profit sera visiblement immense pour eux, puisqu'il est notoire à tout le monde, que l'intention du Régent n'est pas d'augmenter l'imposition de la Taille, mais seulement de la régler & proportionner entre les divers Membres de l'Etat.

Remèdes.

Utilité du dessein du Régent.

Il est vrai toutefois que le dessein du Régent est en lui-même très excellent, & digne d'être conduit à la perfection, pour l'utilité du Roi & du Royau-

Royaume en general; pour le ſoutien de la juſtice, ſans laquelle il faut tôt ou tard que les Etats periſſent; pour deſaccoutumer les payſans de ſe haïr, & de ſe détruire les uns les autres, comme il ſe pratique vulgairement; enfin pour reformer & produire entre eux des ſentimens d'équité & de vertu, dont il ſemble que tout le monde ſe ſoit à la fois dépouillé.

Mais pour parvenir à une fin ſi belle, & ſi néceſſaire à la bonne conſtitution de l'Etat, le premier pas indiſpenſable eſt d'ôter aux Intendans le pouvoir arbitraire dont ils uſent, au département des Tailles: pouvoir dont ils ont abuſé à l'excès qui ſe voit, & qui eſt connu de toutes les provinces, & dont ils uſent encore aujourd'hui, avec autant de hardieſſe que s'ils ne condamnoient pas eux-mêmes publiquement la conduite qu'ont tenue leurs devanciers.

Néceſſité de diminuer le pouvoir des Intendans.

Le ſecond point eſt de connoître réellement la valeur des fonds de chaque village; la maniere dont les hommes y vivent, trafiquent & payent les im-

Et de connoître la valeur réelle des fonds de

chaque village.

impôts, & la possibilité effective où ils sont & peuvent demeurer fixement de les payer aujourd'hui & à l'avenir. Le détail dont il s'agit n'est pas aussi difficile qu'on le peut croire.

Moyens d'acquerir cette connoissance.

Trois hommes bien laborieux, bien intentionnés, & qui seront au fait de la campagne, pourvu qu'ils soient autorisés, peuvent rendre compte d'une Election telle que celle de *Neufchâtel*, dans l'espace d'un mois, sur le modelle du détail donné par les quatre paroisses cotées au present Memoire.

Et les lumieres qu'on en tirera.

Or ce détail est suffisant pour établir non seulement la fraude de chaque village, mais encore celle des Particuliers & celle des principaux domaines de chaque paroisse; de sorte que, quelques changemens qui puissent arriver à l'égard des détenteurs des fonds, on saura précisément ce que chaque domaine ferme, ou tenement, doivent payer à la décharge du capital de la paroisse.

On ne saura pas avec moins d'exactitude la proportion de paroisse à paroisse, ou de village à village; & c'est

ce

ce qui demasquera avec évidence l'abus indigne & criant que les Intendans ont fait & font encore de leur autorité, pour soulager les uns, au préjudice des autres qui demeurent accablés.

Il ne sera pas même nécessaire de changer sitôt le reglement de la Taille au 12me. jusqu'à ce que l'on ait clairement connu de combien le produit excédera l'impôt de la Taille presente; car l'on supose toujours que, vu la misere & l'accablement des peuples, l'intention du Roi, ni celle du Régent du Royaume, ne sont point de doubler ni de tripler la Taille, comme le reglement du Marquis de *Silly* le fait craindre.

Retranchement qu'on doit faire au projet du Régent.

Mais ce qu'il faut absolument bannir & rejetter du projet, comme perte & ruine, sont les Adjudicataires qui tireroient des profits incroyables, à la charge des peuples, sans avantage pour le Roi. L'usage de payer la Taille en argent a toujours été pratiqué dans le Royaume, depuis qu'elle est établie.

Disproportion des co-

Il n'y a que l'excès & la disproportion des cotes qui en empêchent le tès, cause que les Tailles sont mal payées.

recouvrement réel & effectif; defaut qui des Particuliers remonte aux paroisses, aux bourgs & villages dont les Elections sont composées, & qui des Elections remonte encore aux Generalités: car si l'on cherche la veritable raison pour laquelle les provinces du *Limousin* & de la *Marche* payent mal leurs impositions, il ne s'en trouvera d'autre effective que la disproportion de leurs forces, & de ce que l'on prétend tirer d'elles.

Il est vrai que les defauts des recoltes, tels qu'il en arriva en 1709. peuvent aporter de grands empêchemens au recouvrement de la Taille; mais, à considerer les choses dans l'état ordinaire, il n'y a que la surcharge qui anéantisse les recouvremens.

Preuve de cette proposition.

S'il n'y a d'ailleurs de la mauvaise administration, le bled, les châtaignes & autres denrées, valent toujours un prix au marché, où le paysan peut trouver de quoi payer sa Taille, quand il poura jouir du surplus de ce qu'il a, qui ne lui demeure que pour con-

conserver sa vie & celle de sa famille ; & pour l'aider dans son travail.

Si au contraire, l'impôt, ou la dureté du recouvrement consomment le tout, car il y a tels Receveurs des Tailles, qui se sont fait des gains annuels de 15 & 20 mille livres, des seuls frais de recouvrement, dans leurs Elections ; sans compter ce que les Huissiers des Tailles & les Officiers particuliers prenoient pour leur compte, qui doubloit & triploit souvent la mesure : alors le paysan outré s'abandonne lui-même, & sa famille perit miserablement. Et le Roi fait une si grande perte, qu'il s'est trouvé contraint, dans les malheurs derniers, d'établir la solidité entre tous les habitans d'un même lieu, pour le payement de la Taille. Chose que l'on aura peine à concevoir & à croire dans la posterité.

Iniquités commises dans le recouvrement des Tailles.

Au reste, il est trop évident que les adjudications du 10me. ou du 12me. du produit des terres, ne peuvent remédier à aucun des maux que je viens de marquer. Un Adjudicataire

Inutilité des adjudications.

taire n'a pas plus de facilité qu'un simple paysan pour vendre les denrées, & en faire de l'argent, à moins qu'on ne lui accorde des preferences pour la vente, qui redoubleroient encore ce qu'il y a d'odieux dans leur établissement.

Preuve qu'elles ne peuvent servir à déterminer la force réelle des paroisses.

De plus comme il est certain que nul Adjudicataire ne prend un bail de trois ans avec le Roi, si ce n'est dans la certitude du profit qui lui en doit revenir, pour compenser la dureté des conditions; pour s'indemniser de ce qu'il lui coute; pour acheter une caution, ou pour se faire agréer par le Receveur des Tailles, il est plus clair que le jour qu'il n'y a aucune adjudication, sur laquelle on puisse déterminer la veritable force d'une paroisse, & conclure qu'elle peut porter telle ou telle cotité de Taille. Il semble même que l'on ait voulu précisément conclure cette connoissance, puisque le reglement porte, que nul ne sera reçu à encherir au dessus d'un autre, qu'en tierçant le prix de l'adjudication. On voit combien il y a de dégrés entre la som-

ſomme ſimple & le tiercement, qui ſeroient au profit du Roi, ou des villages circonvoiſins, ſi l'adjudication étoit portée à ſon veritable prix. Enfin quoiqu'il ſoit bien évident que les Adjudicataires doivent faire des gains immenſes ſur les paroiſſes de toutes les Elections, où le nouveau reglement aura lieu, voici un autre abus qui en reſulte, auſſi criant & auſſi dangereux que tous les autres. On ſait la pratique ordinaire à l'égard des baux judiciaires, & de quelle maniere il y a des gens qui font métier de cautionner les Adjudicataires envers les Commiſſaires aux ſaiſies réelles, au moyen d'un certain profit. Il en arrivera de même en chaque Election. Le Receveur des Tailles agréera les Adjudicataires, ou les refuſera, ſelon le profit qu'ils lui propoſeront à faire dans l'adjudication. Lui ſeul aura la clef du ſecret, & fera une fortune d'autant plus grande & plus injuſte, qu'il profitera ſur le Roi, ſur les villages & communautés, & ſur les Adjudicataires eux-mêmes, dont au moins il partagera le profit.

Autres abus des adjudications.

Or

Moyen de supléer aux Adjudicataires.

Or il seroit bien aisé de supléer à ces adjudications, par le moyen des Sindics des paroisses. Il n'y auroit qu'à pratiquer, à l'égard de la Taille, ce que l'Ordonnance pour le payement du dixieme denier avoit établi par tout le Royaume ; savoir que le recouvrement en seroit fait par les Sindics, au moyen de six deniers par livre, pour les indemniser des frais de la collecte. Par ce moyen, les deniers de la Taille viendroient nettement aux mains du Receveur, & seroient de là portés au Tresor Royal, sans frais, sans perte, & sans diminution, pendant que les Particuliers taillables, soulagés par une proportion exacte de l'impôt, auroient autant de facilité à s'en acquiter, qu'ils sont aujourd'hui en peine, à cause de la vexation & de la disproportion.

Conclusion de ce Memoire.

Par ces raisons, qui sont évidemment sans replique, on doit conclure que les reglemens établis tant dans la Generalité de la *Rochelle*, qu'en l'Election du *Pont-l'Evêque*, ne peuvent être exécutés ni soutenus qu'à l'extrême

trême dommage du Roi & de ses Sujets ; de sorte qu'il n'y a rien de si desirable qu'une nouvelle police sur la Taille, laquelle puisse proportionner l'impôt à la force & aux facultés de ceux qui la doivent payer. Il faut avouer que la forme usitée d'en faire l'imposition & le recouvrement, est encore infiniment preferable à la méthode nouvelle du Chevalier *Renaud*, & du Marquis de *Silly*.

IV. ME-

IV. MEMOIRE,

Touchant l'affaire de Mrs. les Princes du sang.

TOute la *France* est attentive au succès de la Requête presentée au Roi par M. le Duc & les Princes de sa Maison, pour demander la révocation de l'édit & de la Déclaration accordée par *Louis XIV.* aux Princes ses enfans légitimés, qui leur donne le rang, les honneurs, la qualité, le nom & les droits des autres Princes du sang, les déclarant & rendant capables de succéder à la Couronne, après néanmoins tous les autres Princes légitimes, & tous les descendans mâles qu'ils pouront avoir.

Divers jugemens touchant l'édit de *Louis XIV.*

On veut aujourd'hui faire passer cette grace accordée par un pere à ses enfans, pour la plus importante action qui ait

ait été faite, depuis l'établissement de la Monarchie. Les uns prétendent qu'elle en attaque les loix fondamentales; qu'elle viole les droits les plus certains de la nation, en la privant du droit de se choisir des Maîtres, après l'extinction de la race légitime à laquelle elle a bien voulu se soumettre. Ils se plaignent que *Louis XIV.* a avili la dignité des Princes du sang, en la communiquant à des personnes que les loix civiles de l'Etat excluent du benefice de toutes successions, & dont les loix particulieres du *Christianisme* réprouvent & condamnent la naissance. Ils attribuent ce desordre sans exemple à la tendresse demesurée de ce Monarque pour ses enfans; & la soumission des Parlemens, dans l'acceptation d'une nouvelle loi si contraire aux anciennes, à l'effet de la terreur que le gouvernement de ce Prince inspiroit à tous ses Sujets.

en faveur des Princes légitimés.

Les autres, au contraire, regardent cette Déclaration comme un objet de légere conséquence, & qui n'est aucunement comparable aux grandes & im-

Preuves alléguées en faveur de cette Déclaration.

importantes décisions, qui ont été faites, soit pour exclure les filles de la succession à la Couronne, après la mort de *Louis Hutin*, & après celle de *Charles IV.* soit pour accorder aux Princes du sang le rang & la prééminence dont ils jouissent aujourd'hui, & que l'on sait trop qu'ils n'avoient pas avant l'édit de *Henri III.* donné en 1576. soit enfin, & tout nouvellement, pour transporter le droit de la succession de la Couronne, d'une Branche directe à une collaterale. Ils prétendent montrer de plus, que cette Déclaration ne porte pas la moindre atteinte aux loix de la Monarchie, comme de fait elle ne porte aucun préjudice aux Princes qui en poursuivent la révocation, puisque veritablement elle ne donne ni droit, ni prétention aux Princes légitimés, qu'au défaut de tous les Princes légitimes, & de leur posterité à jamais. Le prétexte cherché dans l'interêt general qu'a la nation de conserver ce droit de se choisir un Maître, après l'extinction de la Maison régnante, est, selon eux, tiré

de

de trop loin, pour faire une impression veritable sur les personnes sensées.

Réponses des partisans des Princes légitimés à diverses objections.

L'avilissement de la dignité des Princes du sang, par la communication que *Louis XIV.* en a faite à ses enfans naturels, ne leur paroît pas un motif plus raisonnable, pour faire révoquer une loi autentique, consacrée par l'acceptation de tous les peuples, & l'enregitrement de tous les Tribunaux. Ils répondent avec la même force aux argumens tirés des loix communes de l'Etat & de l'Eglise, contre la naissance des enfans illégitimes, & contre les droits qu'ils pouroient prétendre en la succession de leurs peres, en faisant voir que la Déclaration, dont on se plaint, exclut les enfans de *Louis XIV.* en faveur de ceux même qui la veulent anéantir : de sorte qu'étant absolument sans interêt dans la poursuite qu'ils ont intentée, il seroit contre l'ordre, contre l'usage & contre la loi commune, de les écouter, suivant la maxime, que *nul n'est reçu à plaider sans interêt.* Enfin ils répondent à l'objection tirée de la grande autorité de *Louis XIV.* que si l'obéïssance rendue aux justes ordonnances d'un grand Monarque, étoit un titre contre elles, il s'ensuivroit de si monstrueuses conséquences dans la Politique, & dans la Morale, qu'il n'est point d'hommes sages qui les voulussent avouer : de sorte qu'il est nécessaire d'en conclure, qu'une obéïssance sans clause & sans modification, est un indice certain d'une acceptation universelle, & du consentement de la nation entiere à la loi, que son Prince lui prescrit.

Voilà un léger échantillon de ce qui se dit de part & d'autre, par lequel on peut néanmoins s'apercevoir que l'interêt de l'autorité Royale, celui de la tranquilité publique, & la connoissance des faits certains de l'Histoire, c'est à dire l'usage de la Monarchie, produisent de plus puissans moyens, pour soutenir la possession des Princes légitimés, que la passion & l'inquiétude de ceux qui les attaquent n'en fournissent, pour les priver du rang qu'ils occupent.

Fondemens sur

En effet l'interêt de la prétendue incom-

incommunicabilité du titre & de la qualité de Prince du sang, étant mis à part, pour être examiné dans un article séparé, nous voyons que l'effort de M. le Duc tombe sur ces trois objections.

lesquels M. le Duc attaque les Princes légitimés.

I. Une prétendue violation des loix fondamentales de la Monarchie, qu'il croit apercevoir dans l'édit & la Déclaration de *Louis XIV.*

II. Un prétendu préjudice fait à la nation, en lui ravissant le droit de se choisir des Maîtres légitimes.

III. Et enfin un abus extraordinaire que *Louis XIV.* a fait de son autorité.

Mais si l'on discute exactement ces trois propositions, on les trouvera denuées de toutes preuves, soit de celles qui pouroient être fondées sur les textes des loix écrites, soit de celles qui se tirent de l'usage, par les exemples que fournit l'Histoire.

Et premierement à l'égard des loix écrites, les Princes du sang sont obligés de convenir qu'il n'y en a pas une qui soit contraire à l'édit & à la Dé-

Preuve que les loix écrites ne sont pas contre les Princes.

 claration

claration de *Louis XIV.* & on le peut dire avec d'autant plus de confiance, qu'il seroit impossible que le Légiste, qui a dressé leur Requête, eût omis de la citer, s'il en avoit connu quelqu'une, lui qui a bien osé dire que l'assemblée du 2. Septembre 1715. s'est tenue, c'est à dire qu'elle se devoit tenir pour deferer à M. le Duc d'*Orléans*, & pour régler le gouvernement du Royaume pendant la Minorité.

Légitimité de la conduite de *Louis XIV.* à leur égard.

La loi, qui prive les Bâtards du droit de succession, est une loi municipale, ou coutumiere, de laquelle le benefice du Souverain relève tous les jours les moindres Sujets, pour les rendre capables de recevoir des donations de toutes espèces, & de posséder heréditairement les biens qui leur peuvent avenir. Dira-t'on que les seuls enfans du Roi même sont exclus de participer à une grace si commune? Cette proposition seroit absurde.

Sa conformité aux loix mêmes

Mais on objecte que les enfans illégitimes, réhabilités par la grace du Prince, n'ont point de droit à la succession

sion de leurs peres, qu'ils voyent passer tous les jours, à leur préjudice, à des heritiers collateraux, même fort éloignés. Ce fait est veritablement constant, mais on doit conclure que la disposition de *Louis XIV.* n'en est que plus conforme à la loi commune, puisqu'elle n'accorde de droit aux Princes ses enfans naturels, qu'au defaut de tous les autres de leur posterité. Ainsi de quoi peuvent-ils se plaindre, & quel interêt peuvent-ils avoir à contester un benefice, qui leur conserve toute la preference qui leur est dûe?

qu'on objecte contre elle.

A la verité, les Princes légitimés paroissent, aux termes de l'édit, devoir être preferés, dans la succession à la Couronne, aux filles des Princes légitimes de la Maison de *Bourbon* : ce qui n'arrivera pas à l'égard des autres successions; mais doit-on regarder cette disposition comme un effet odieux du même édit? N'est-ce pas plutôt & veritablement une conséquence de la *Loi Salique*, si vantée, & reconnue pour fondamentale dans la constitution de l'Etat *François*, que la Déclaration & l'édit

Argument tiré de la *Loi Salique* en faveur de cette disposition.

 lais-

laissent subsister en son entier, & qu'ils n'auroient pu blesser en la moindre partie, sans donner un prétexte bien plus spécieux à la révocation que l'on poursuit.

Exemples favorables aux Princes légitimés.

A l'égard des loix non écrites, qui consistent dans l'usage de la Monarchie, recueilli des exemples de l'Histoire, il faut convenir que si ceux qui sont employés en faveur des Princes légitimés, dans quelques Memoires qui ont paru, sont en partie contestables, il est impossible néanmoins d'en raporter aucun qui puisse servir de prétexte à les exclure, & que dans la verité il y en a plusieurs qui leur sont favorables & qu'on peut proposer dans l'espèce & le cas même il s'agit.

Exemple d'*Arnould* Roi de la *France Orientale*.

Tel est celui d'*Arnould*, Roi de la *France Orientale* & de *Germanie*, appellé à la succession de la Couronne, au defaut d'heritiers légitimes, quoique Bâtard de *Carloman*, qui avoit été Roi des mêmes pays avant son frere *Charles le Gros*; & bien plus encore celui de *Zuintibold*, fils naturel du même *Arnould*, qui succéda à son pere dans

dans la même circonstance, quoique taché d'une double bâtardise. Ce sont deux faits précis, & qui ne peuvent être regardés comme étrangers, parceque l'ancienne & la nouvelle *France* ne faisoient alors qu'un même corps de Monarchie, quoiqu'elles fussent gouvernées par differens Souverains, depuis la pacification de *Charles le Chauve* avec ses freres ainés.

Fautes des Auteurs qui ont écrit contre les Princes légitimés.

Il y a moins d'utilité à chercher d'autres exemples sous le gouvernement de la troisieme race des Rois de *France*, parceque l'on n'en peut proposer aucun qui ait un raport exact à l'espèce presente : outre que les Princes que l'on y a tachés aujourd'hui de bâtardise, ne sont dégagés de leur naissance légitime que par de mauvais Auteurs, trop peu instruits de la verité de l'Histoire. C'est ainsi qu'ils ont fait passer *Thierry*, fils ainé du grand *Clovis*, pour Bâtard, parce qu'il étoit né avant le *Christianisme* de son pere, d'une autre femme que la Reine *Clotilde*. Ils en disent autant de *Théodebald*, Roi d'*Austrasie*, sans prendre garde que *Théodebert*, son pere, avoit répudié la Reine *Wisgarde*, avant que d'épouser *Deuterie*, qui étoit veuve du Seigneur de *Cabrieres*: l'indissolubilité des mariages n'aïant pas encore acquis force de loi, du moins dans la pratique de ces Princes barbares, au tems de *Sigebert le Saint*, Roi d'*Austrasie*, fils aîné de *Dagobert I.* & cela avec encore moins d'aparence & de fondement. Mais ce sont des discussions historiques, & de peu de secours en la cause presente. On pouroit plutôt insister sur la naissance veritablement illégitime de *Charles Martel*, qui ne l'a pas empéché de parvenir à la Mairie du Palais, ni de porter jusqu'à nos jours le titre de Roi sur son tombeau. Mais puisque sa grandeur ne doit être regardée que comme l'effet de son ambition & de ses victoires, il seroit inutile de le tirer en exemple. *Bernard*, Roi d'*Italie*, & petit fils de *Charlemagne* par le Roi *Pepin*, le second de ses enfans, est traduit par les Auteurs comme un exemple illustre des Bâtards parvenus au trône. Mais ils n'ont pas pris garde que de vingt-cinq Traités recueillis par

Du Chesne sur ce fait, il n'y a que *Thégan* qui, pour diminuer l'autorité de la conduite de *Louis le Débonnaire*, au service duquel il étoit, en qualité de Chapelain, ait osé deshonorer la naissance de ce Prince, qui avoit cinq sœurs aussi légitimes que lui, dont la derniere porta le titre de l'Empire & du Royaume de *France* à *Guy* de *Spolette*, couronné à *Langres* en 888.

On en peut dire autant de l'idée conçue par le nouvel Historien de la *France*, de faire passer le Roi *Charles le Simple* pour bâtard, & de flétrir toute sa posterité, soit dans la vue de justifier la Royauté d'*Hugues Capet*, soit en celle de préparer un exemple extraordinaire en faveur des Princes légitimés. Mais ce qu'il en a dit, est si contraire aux bonnes mœurs, à l'autorité des peres sur le mariage de leurs Enfans, & à l'évidence de l'Histoire, que l'on peut dire que par cette fiction il a plus éloigné les Lecteurs de la fin qu'il a pu se proposer, que n'auroit pu faire une invective découverte.

Bâtardise faussement imputée à *Charles le Simple*.

En-

Reflexions sur la naissance de *Philippe*, Comte de *Mantes*.

Entre les exemples tirés de la troisieme race, & raportés par les derniers Memoires qui ont paru pour la cause des Princes légitimés, celui de *Philippe*, Comte de *Mantes*, fils du Roi *Philippe I.* & de la fameuse *Bertrade*, est évidemment mal employé, puisque ce Prince avoit été reconnu légitime par un Concile assemblé de l'ordre du Pape, quoique né de parens coupables d'un double adultere, l'Eglise aïant néanmoins aprouvé leur mariage subséquent, après beaucoup de difficultés; & si la question de la validité de ce mariage n'eût été solemnellement décidée, l'on peut assurer que l'Abbé *Suger*, si grand Canoniste, & si rigide observateur des loix Ecclesiastiques, n'auroit pas regardé ce Prince *Philippe* comme heritier presomptif de la Couronne, au mépris de la Branche de *Vermandois*, issue d'*Hugues le Grand*, frere du même Roi *Philippe*, Comte de *Boulogne*, issu du Roi *Philippe Auguste*, pendant son adultere avec *Agnès* de *Moravie*. Il est certain que sa légitimation

Suite de ces reflexions.

tion par une Bulle expresse du Pape *Innocent III.*, accordée en consideration de la foi du mariage que ses parens avoient contracté, & pendant lequel il étoit né, le rétablit sans contestation dans tous les droits d'une naissance Royale. Il est à remarquer néanmoins que cette légitimation n'est dûe qu'à l'autorité d'une Bulle, sans intervention de la puissance séculiere. Veritablement il y a trop de disparité dans de pareils exemples, pour pouvoir en rien conclure d'essentiel au sujet de la question presente. Il resulte néanmoins en general des temoignages de l'Histoire, qu'avant l'établissement des fiefs, & le despotisme des Papes, les bâtardises n'étoient point censé porter exclusion d'aucuns droits successifs: pour preuve de quoi on raporte très justement les efforts de *Hugues*, fils du Roi *Clotaire* de *Lorraine*, & de *Waldrade*, pour revendiquer la succession de son pere, sans que l'on ait jamais allégué contre lui aucune incapacité dans sa personne, par raport à la naissance; au lieu que la bâtardise
de

de *Guillaume le Conquerant*, Duc de *Normandie*, lui fut ſouvent reprochée, dans un tems poſterieur, ſans qu'elle ait eu néanmoins le pouvoir de lui faire perdre la ſucceſſion paternelle, où ſes oncles légitimes avoient pourtant un droit qui ſeroit aujourd'hui incontestable. Depuis cet époque juſqu'au règne de *Louis XI.* il eſt évident que ſi la bâtardiſe excluoit des droits ſucceſſifs, c'étoit plutôt par raport aux loix de l'Egliſe, établies par les Décrétales, que par raport à la condition des perſonnes, puiſque les Bâtards des Gentilshommes étoient réputés du corps de la Nobleſſe, & comme tels admis à la Chevalerie, & à toutes les dignités militaires; de telle façon que l'on ne commença que ſous le règne de *Louis XI.* a recourir à la grace du Prince, pour autoriſer la nobleſſe des Bâtards: encore faut-il reconnoître que l'uſage ne s'en eſt pleinement introduit qu'en conſéquence de l'édit du Roi *Henri IV.* par lequel la nobleſſe des enfans illégitimes a été totalement ſuprimée.

Condition des Bâtards juſqu'au règne de *Louis XI.*

Mais

Mais il resulte de la consideration de ces differens exemples, & des usages de la nation *Françoise* dans tous les tems, que s'il n'y a point de loix positives, ou usuelles, qui favorisent les Princes, il ne s'en trouve certainement aucune, ni d'aucune espèce, qui s'opose à la Déclaration & à l'édit que *Louis XIV.* a donné en leur faveur, de sorte qu'il est absolument impossible de justifier dans aucuns termes la proposition qui pose que les édits & cette Déclaration renversent les loix fondamentales de la Monarchie.

Seconde proposition des Princes du sang.

La seconde proposition de Mrs. les Princes, par laquelle ils prétendent interesser la nation entiere dans la révocation qu'ils poursuivent, consiste à dire qu'un Roi n'a, ni peut avoir le pouvoir de déclarer, & de faire les Princes du sang, parcequ'il n'y a qu'une filiation légitime qui puisse les produire dans la famille qui occupe le trône, après l'extinction de laquelle la nation, qui a choisi librement les auteurs de cette famille, pour s'en s'en faire des Maîtres, rentre indubitablement dans ses droits, pour s'en choisir de nouveaux.

Examen de cette proposition.

Cette thèse, qui a semblé émouvoir le Public, & au sujet de laquelle un des Memoires courans a osé dire, que S. A. S. M. le Duc a tiré la nation d'une létargie si pesante que, quoique réveillée, elle ne cherche encore sa liberté que comme à tâtons : cette thèse, dis-je, est sans doute de la nature de celles qu'un Gouvernement rigoureux accuseroit au moins de temerité; mais qui dans la bouche d'un Prince aussi instruit de la verité, & des droits de la Monarchie, ne peut signifier autre chose sinon que quand le peuple *François* n'aura plus de Roi, ni de Princes capables de le devenir, il sera, comme toutes les autres nations du Monde, arbitre de sa destinée, soit pour continuer à vivre sous un Gouvernement Monarchique, soit pour s'ériger en République, de telle nature qu'il voudra choisir.

Erreur où elle induit.

Mais quoique cette proposition ne signifie certainement rien davantage, elle

elle ne laisse pas d'induire diverses personnes en erreur, en leur faisant croire que, comme le trône *François* a été jusqu'à present occupé par trois differentes familles, elles y ont été installées l'une après l'autre par une libre élection des peuples. Il est toutefois si évident par les temoignages de l'Histoire, que les Chefs des deux dernieres races n'ont occupé la Royauté que par les moyens ordinaires à tous les Conquerans, qu'il faut dire qu'il n'y a que l'ignorance qui puisse soutenir une telle idée.

Ce que c'étoit que la Royauté chez les anciens *François* du tems de la premiere race.

En effet dans ce principe, la Royauté n'étoit parmi les *François* qu'une Magistrature civile, à laquelle on confioit le gouvernement de chaque Canton different : le commandement des armées n'y étoit point attaché ; & les *François* choisissoient leurs Generaux librement & arbitrairement. *Clodion*, *Merovée*, *Childeric* & *Clovis I.* eurent le bonheur de réunir en leurs personnes l'une & l'autre fonction : ce qui les rendit assez puissans pour entreprendre, & pour achever la conquête de toute la *Gaule*. Mais les successeurs de ces derniers n'aïant eu ni le courage, ni la prudence de conserver cette union, les peuples rentrerent dans ce droit de se choisir des Generaux, qui ont été plus connus sous le nom de Maires du Palais.

Sous le règne de la seconde.

Il est vrai que, comme la *France* étoit alors divisée en trois Royaumes, qui furent divisés & occupés par differens Sujets, il ne leur fut pas possible de chasser les Rois du trône. Mais aussi, dès que *Charles Martel* eut occupé toutes les Mairies par les moyens qui sont si connus dans l'Histoire, son fils *Pépin*, qui lui succéda dans la même puissance, ne tarda pas à dépouiller le veritable Roi, & à le confiner dans un monastere. Voilà ce qui a porté sa race sur le trône, & non pas une libre élection des peuples, après l'extinction des légitimes successeurs.

Affoiblissement de la Monarchie sous la

Veritablement la posterité de *Charlemagne* ne s'est pas perdue par les mêmes fautes : elle n'a point rétabli la Mairie du Palais; mais d'autre part l'établissement

bliſſement des fiefs aïant changé la nature du Gouvernement, & les ravages des *Normands* aïant obligé *Charles le Chauve* à former une Seigneurie aſſez étendue, pour les repouſſer avec ſes ſeules forces, ſans intereſſer le reſte de l'Etat à cette defenſe, il la céda ſous le nom de Duché, ou Marche de *France*, qui comprenoit la moitié du Royaume, au fameux *Robert le Fort*, *Tige de la Maiſon régnante.*

race *Carlovingienne.*

Les enfans de celui-ci, gens d'une grande valeur, & d'un merite rare en ce tems-là, s'ouvrirent par cette même puiſſance les chemins juſqu'au trône. Il eſt vrai que l'ainé n'y parvint que par élection, pour ſervir de tuteur à un Roi mineur; mais le ſecond l'uſurpa à force armée, & s'y ſeroit maintenu, vu la foibleſſe du Roi légitime, ſi celui-ci ne l'avoit tué de ſa main dans une bataille.

Comment la Maiſon régnante eſt parvenue au trône.

Le Duc de *Bourgogne*, gendre du mort, & de même famille que lui, ſe crut en droit de lui ſuccéder, ſans le conſentement de perſonne, &

 régna

régna veritablement douze ans entiers.

Avenement de *Hugue Capet* à la couronne.

Enfin *Hugue Capet*, aussi Duc de *France*, arriere-petit-fils de *Robert le Fort*, aïant augmenté ses Etats de la plus grande partie de la *Bourgogne*, & ses forces par son union avec les Capitaines les plus renommés du tems, auquel lui, ou son pere *Hugue le Blanc*, avoit acquis de grandes terres, monta sur le trône, & s'y maintint, à la faveur d'un testament de *Louis V.* qu'il soutint l'avoir institué son heritier. Il se fit sacrer sous ce titre quinze jours après sa mort. *Charles*, Duc de *Lorraine*, oncle du dernier Roi, voulut revendiquer sa succession & sa couronne, auxquelles la proximité & le sang lui donnoient un droit incontestable; mais la fortune ne lui fut pas favorable. *Hugue* le prit prisonnier, & l'enferma dans la grosse tour d'*Orléans*, seconde ville de sa Duché de *France*, où il mourut.

Preuve que la Maison régnante regne par

Dira-t'on sur cet exposé que l'Histoire justifie dans toutes ses circonstances, que les suffrages des *François* libres

libres de se choisir un Maître par l'extinction de la Maison régnante, ayent élevé *Hugue Capet* sur le trône? Ne voit-on pas, au contraire, que la *France* a eu le sort commun de tous les Empires de longue durée, dans le changement de races qui y ont régné, & où les plus forts, & les plus habiles à profiter des circonstances, ont chassé les plus foibles, & ont occupé leurs places?

droit de conquête.

Mais il faut aller plus loin, & faire voir que *Hugue Capet* étoit si éloigné, lorsqu'il parvint à la Couronne, de s'en remettre à une élection libre des *François*, qu'il dissipa à force un Parlement, ou assemblée de la nation, qui se tenoit à *Compiegne*, auprès de la personne de *Louis V.* alors mourant. Et c'est ce que l'on aprend au long d'une Lettre du Pape *Silvestre II.* alors encore Ecolâtre de l'Eglise de *Rheims*, & connu sous le nom de *Gerbert*, écrite à *Diéteric*, Evêque de *Metz*, qui se voit au recueil de *Du Chêne*.

Autre preuve de cette proposition.

Refutation de l'objection tirée du Parlement qui confirma la Couronne à *Hugue Capet.*

Cependant *Hugue*, voulant assurer la Couronne à son fils, & à sa postérité, assembla, un an après, un Parlement à *Orléans*, où l'on peut raisonnablement croire qu'il ne s'y trouva que de ses feudataires & de ses créatures. Mais est-ce là ce que l'on peut apeller élection libre? Le trône n'étoit-il pas occupé par celui même dont s'est faite l'élection; & fondera-t'on sur un pareil titre ce droit prétendu fondamental du peuple, de se choisir des Maîtres, quand la race légitime est éteinte?

On ne soupçonnera pas cet écrit d'avoir été composé dans la vue d'affoiblir le droit de la Maison régnante à la Couronne. Une possession constante de plus de sept cents ans est un titre si puissant & si demonstratif, que toute la malice des hommes n'y sauroit donner atteinte, quoiqu'il soit vrai de dire qu'il semble que tous nos Historiens ont apréhendé de faire connoître la maniere dont cet évenement s'est accompli. Mais cela peut être arrivé par un effet de leur peu de lecture

ture & d'instruction, aussitôt que par leur timidité.

Conclusion que jamais la nation n'a choisi librement ses Rois.

Il est donc parfaitement évident, par cette discussion abrégée de notre Histoire, qu'un Ouvrage plus étendu pouroit réduire aux termes d'une demonstration, qu'il n'est aucun tems dans la Monarchie, où l'on puisse dire qu'il ait été libre à la nation de se choisir des Rois, & où on ait usé de ce droit dont Mrs. les Princes veulent aujourd'hui la gratifier ; & partant il est pareillement évident que la nation n'a aucun interêt réel, ni prétexte à s'oposer à la grace que *Louis XIV.* a faite aux Princes, ses enfans légitimés.

Troisiéme proposition des Princes du sang.

III. Enfin la requête de M. le Duc contient une derniere & troisieme proposition, que l'on peut dire en quelque façon plus étonnante que les deux précédentes : car, au lieu que pour faire connoître le faux & le vrai de ce que celles-là contiennent, il a falu discuter certains faits dont tout le monde n'a pas une égale connoissance, celle-ci doit être décidée par notre experience, celle de nos peres, & celle de nos aïeux de plus de trois cents ans. Ils prétendent que le feu Roi n'a pas eu le pouvoir de faire l'édit & la Déclaration dont il s'agit.

Principe ſur lequel ils ſe fondent.

Le principe d'où part cette concluſion, eſt qu'en general un Monarque ne peut rien contre les loix fondamentales de ſon Etat, & que ſi l'excès de ſon autorité oblige quelquefois les Sujets à ſe ſoumettre à ſes ordres contre la règle, il eſt néceſſaire que ſon ſucceſſeur révoque au plutôt les Ordonnances qu'il auroit pu faire, ſans que l'on puiſſe dire que la Minorité & le defaut de connoiſſance y ſoient un obſtacle; d'autant, diſent-ils, que les loix de l'Etat ſont le fondement de ſon autorité, & que, quand il s'y conforme, il eſt inutile de demander à quel âge il l'a fait, la ſageſſe de ceux que la loi rend dépoſitaires de ſon autorité, ſupléant à ce qui peut manquer à ſon âge.

Jugement qu'on

Cette propoſition, énoncée dans des termes preſque incroyables, temoigne

moigne assez évidemment que c'est moins ici la cause des Princes légitimés, que celle de la Royauté. On ne fait point de difficulté de découvrir que l'on pense, que la mort d'un des plus grands Rois qui ait occupé le trône, & qui en a porté la gloire au plus haut point, a rendu la liberté non seulement aux peuples, mais aux Princes mêmes, qui, contre leur gré, étoient obligés de ployer à sa volonté. La loi qu'il a faite sur la succession, est, dit-on, si criante, & si oposée à l'honneur des Princes du sang, que toutes les autres loix de la Monarchie reclament contre elle, & que le successeur n'a rien à faire ni de meilleur, ni de plus pressé, que de l'abroger. Que diroit-on de plus, si la *Loi Salique* étoit renversée, si les Princes légitimés étoient preferés aux Princes légitimes, si la *France* étoit livrée à des Etrangers, si tous les ordres de l'Etat étoient confondus?

fait de cette proposition.

Mais l'on a déja vu demonstrativement que nulle loi écrite, & nul usage de la Monarchie, ne s'opose à l'avantage que le feu Roi a fait aux Princes ses enfans ; & que Mrs. les Princes du sang n'ont eu même aucun interêt veritable dans la contestation qu'ils ont formée : ce qui produit une fin de non recevoir invincible.

Examinons toutefois, par les exemples de l'Histoire, si *Louis XIV.* a passé les bornes de son pouvoir, en apellant ses enfans légitimés à la succession à la Couronne, & en leur donnant le rang, la qualité & le titre de Princes du sang, après néanmoins tous ceux que la Nature & la loi y apellent, & y apelleront de droit à l'avenir.

Exemple de *Charlemagne* favorable aux Princes légitimés.

L'histoire de *France* conserve plusieurs monumens des Ordonnances faites par les Rois, touchant la succession à la Couronne. *Charlemagne* avoit trois enfans, *Charles*, *Pépin* & *Louis*, entre lesquels il avoit partagé ses Etats, cinq ou six ans avant que de mourir. Les deux ainés furent emportés à la fleur de leur âge, avant leur pere ; *Charles*, sans laisser d'enfans, ſans, & *Pépin*, pere d'un fils nommé *Bernard*, que la loi paroiſſoit deſtiner à l'Empire. La ſageſſe de *Charlemagne* ne jugea pas cependant devoir s'y conformer, ni l'écouter. Dans cette occaſion, il prefera ſon troiſieme fils, quoique cadet, au fils de l'ainé; & cette diſpoſition fut agréée de la nation ſans répugnance, & ſans que l'on ait jamais prétendu qu'il y ait paſſé les bornes de ſon pouvoir. Tout au contraire, ce malheureux Prince *Bernard*, qui avoit eu l'*Italie* pour ſon partage, s'étant révolté contre ſon oncle, il fut mis au jugement d'une aſſemblée de la nation, & condamné, comme un Rébelle, à perdre la vie.

Celui de *Louis le Débonnaire*.

Louis le Débonnaire aïant partagé la Monarchie avec les trois fils qu'il avoit, s'aviſa dans la ſuite de ſe remarier, & aïant eu un fils du deuxieme lit, il lui donna la *Neuſtrie* & *Aquitaine*, c'eſt-à-dire, la *France* aujourd'hui, malgré la primogeniture des trois ainés, & le partage précédent.

Char-

Celui de *Charles le Chauve.*

Charles le Chauve paſſant en *Italie*, pour ſecourir le Pape contre les *Sarrazins*, aſſembla ſon Parlement à *Compiegne*, pour diverſes affaires, & ſingulierement pour y régler la ſucceſſion à la Couronne, en cas que la mort l'enlevat dans le cours de ſon voyage. Ce Parlement conſulté ſur l'obéïſſance qu'il devoit à *Louis*, fils unique de *Charles*, dans cette occaſion, ne répond autre choſe ſinon qu'il ne s'écartera jamais de cette obéïſſance qu'il a jurée diverſes fois, s'il plaît à l'Empereur, auquel il parloit, de l'élever à la dignité Royale par une diſpoſition formelle : *Si Deus & vos eum ſublimaveritis.* En effet, *Charles* étant mort, en repaſſant les *Alpes*, le ſacre de *Louis le Bègue* fut ſuſpendu juſqu'à l'arrivée du teſtament de ce Prince qui l'apelloit à la ſucceſſion.

Celui d'*Arnould* & de *Zuintibold.*

L'Empereur *Charles le Gras*, Adminiſtrateur de *France* pendant la premiere jeuneſſe de *Charles le Simple*, adopta *Louis*, fils de *Bozon*, Roi de *Provence*, & l'apella à la ſucceſſion du du Royaume de la *France Orièntale*, en laquelle néanmoins *Arnould*, fils naturel de ſon frere *Carloman*, fut preferé, comme nous l'avons dit, & après lui *Zuintibold*, Bâtard du même *Arnould*.

Louis IV. dernier Roi de *France*, de la race de *Charlemagne*, inſtitua *Hugue Capet* pour ſucceſſeur de la Couronne, au préjudice de *Charles*, Duc de *Lorraine*, frere du Roi *Lothaire*, ſon pere, & c'eſt à ce titre que la troiſieme famille doit ſon élévation.

Celui de *Louis d'Outremer*.

Il eſt vrai que l'on ne trouve pas la même habitude de diſpoſer de la Couronne par voie de teſtament, ou de déclaration, pendant le cours de la troiſieme race ; mais l'on y voit en récompenſe les enfans naturels de *Philippe I.* & de *Philippe Auguſte*, rétablis dans la capacité d'y ſuccéder ; l'un par l'autorité d'un Concile particulier, & l'autre par une ſimple Bulle d'un Pape.

Exemples de la troiſieme race en faveur des enfans naturels.

On dira peut-être que ces exemples ſont trop anciens, & que l'uſage des der-

Réponſe à l'objection tirée

du changement du Gouvernement *François.*

derniers siècles n'y a pas été conforme. Mais au moins que l'on fasse voir que l'autorité, & le pouvoir des Rois, ayent été restraints par quelque Ordonnance publique, à laquelle ils ayent bien voulu se soumettre. On accuse au contraire *Louis XIV.* d'avoir porté la sienne plus loin que tous ses prédécesseurs, & d'en avoir joui jusqu'à oprimer la volonté des Princes de son sang ; mais le principe de cette autorité demesurée remonte jusqu'à *Louis XIII.* & *Henry IV.* Ainsi il y a déja une possession plus que certaine, qui prescrit contre la foiblesse des règnes anterieurs, avec d'autant plus de force que l'usage des derniers tems se rejoint à celui des tems plus anciens, dont les preuves sont évidentes.

Nouvelle preuve tirée du Traité de cession de la *Lorraine.*

Mais que peut-on répondre à la disposition du Traité par lequel même *Louis XIV.* reçut la cession de la Duché de *Lorraine*, sous la condition que les Princes de cette Maison succéderoient à la Couronne, après les Princes du sang, & leur posterité. Le

Le grand Prince de *Condé*, Bisaïeul de M. le Duc, & le Prince de *Conti*, son frere, eussent pu s'oposer à l'enregîtrement du Traité, & de l'édit donné en conséquence. Mais s'ils ne l'ont pas fait, il seroit absurde d'en rejetter la faute sur la terreur du Gouvernement qui, loin d'avoir alors retenu personne, ou contraint les Princes du sang à une dissimulation indigne de leur courage, & de leur naissance, laissa toute liberté aux Ducs & Pairs de representer dans les termes toujours dûs à la majesté des Rois, que la dignité du sang ne pouroit admettre de Concurrens, ni d'égaux; que la multitude des Princes *Lorrains*, qui entroient dans l'ordre de la succession, & qui en avoient voulu autrefois exclure l'Aïeul & le Bisaïeul du Roi même, qui avoient porté leur ambition jusqu'à vouloir détrôner *Henry III.* ne meritoit pas l'avantage que le Traité lui donnoit, ni même l'honneur de précéder les Pairs de *France*, qui sont les Grands nés du Royaume, & par conséquent aussi

aussi élevés au dessus des Princes étrangers que la Couronne de *France* a d'éclat & de gloire au dessus des petites souverainetés particulieres. Le Parlement vit cette remontrance, & malgré l'oposition il enregîtra l'édit, pour en rendre l'exécution perpétuelle. Le tems & la Nature l'ont enfin détruit. Cette déclaration est dévenue caduque par elle-même; mais l'on n'a point vu les Princes du sang commettre à son sujet, ni discuter les droits de la Royauté d'une maniere odieuse, à l'usage des seuls *Anglois Puritains*. On n'a point allégué, pour la détruire, l'insuffisance du pouvoir du Roi, ni prétendu qu'il n'y a que l'élection libre des peuples qui puisse préparer des Maîtres à la nation.

Divers changemens de la Monarchie *Françoise*.

Il resulte de ce détail, que la Monarchie *Françoise* a souffert diverses formes dans une si longue continuité de siècles. On a vu d'abord l'autorité partagée entre les Rois, & les Maires du Palais, dépendans toutefois les uns & les autres, en quelque maniere, des assemblées du *Champ de*

Mars.

Mars. *Charles Martel*, Conquerant de la *France*, en usa selon sa fortune, & ne connut de loix qu'à son bon plaisir. Son fils rétablit les assemblées; mais il les modifia, & les dirigea à sa volonté. *Charlemagne*, plein de confiance, leur rendit tout leur pouvoir. *Louis le Débonnaire* & *Charles le Chauve* tâcherent de les alterer, & de corrompre la foi de ceux qui les composoient. Enfin l'introduction de l'inféodalité les a détruits, pour faire place à une autre espèce de Gouvernement, dont toute l'œconomie rouloit sur la foi respective des Seigneurs & du Souverain. L'idée de procurer un plus grand bien, & de le faire à sa fantaisie, porta *St. Louis* à introduire plusieurs hommes de loix dans le Parlement, où avant lui il n'y avoit place que pour les Seigneurs des Fiefs & les grands Officiers. Dans la suite ces nouveaux venus ont chassé les anciens. Enfin la guerre des *Anglois* a bouleversé toute la règle du Gouvernement; & les Rois, qui se sont trouvé Conquerans des pays d'où ils les ont chassés, après plus de cent ans de possession, y ont établi des loix presque arbitraires, que le changement universel des mains a autorisées, jusqu'au periode où *Henry IV. Louis XIII.* & *Louis le Grand*, ont porté & maintenu leur pouvoir.

Ancienneté du pouvoir absolu en *France*.

La *France* est donc accoutumée à l'usage de cette puissance absolue, & l'on ne trouve point dans l'Histoire d'autre tems où l'on s'en soit plaint, que ceux des troubles & adversités, parce que c'est la coutume des Chefs de faction de crier toujours contre l'oppression des peuples. Pourquoi? parce qu'ils disent être dans l'intention de les soulager, & que dans les disgraces les évenemens fâcheux font ordinairement sentir l'épuisement des forces, que la gloire du Monarque soutient toute seule dans la prosperité.

Injustice qu'il y a à en demander l'abolition pendant une minorité.

Dans le fait, voici la premiere fois où l'on ait vu le second Prince du sang si près de la Couronne, qu'il n'y a que deux têtes entre elle & lui, sans faction, sans interêt, sans gloire à acquerir, sans fortune à faire. Mais peut-

on

on se plaindre de l'excès de puissance où les Rois ont porté leur autorité, & s'en plaindre, non pour ameliorer la condition du successeur, mais pour l'obliger à se départir pendant sa minorité, quoique les droits des Mineurs soient sacrés comme ceux des Rois; pour l'obliger, dis-je, à se départir d'un droit aussi essentiel que celui de législation absolue, dont ses prédécesseurs ont joui sans contestation?

Après l'examen des trois propositions, sur lesquelles on peut dire que la Requête de M. le Duc est fondée, l'on ne peut se dispenser de discuter pareillement celle par laquelle il soutient l'incommunicabilité du rang, de la qualité, & des droits des Princes du sang, à d'autres qui sont issus légitimement de la Maison régnante.

Preuves que les Princes légitimés peuvent jouir des honneurs & droits des Princes du sang.

Il est certain, dans le principe, que nul Etranger n'est admis dans une famille que par les voies ordinaires d'adoption, & de substitution; mais il faut avouer aussi que par l'un ou l'autre de ces moyens, un Etranger peut se trouver en droit de prendre le nom

& les armes d'une famille, d'en posséder les biens & les droits, & d'en disposer, malgré ceux que le nom & la filiation joignent intimement à cette famille. Il n'est pas aussi moins certain, que les enfans illégitimes n'ont jamais été réputé étrangers dans leur famille; qu'ils en ont pris le nom, & les armes, quoique brisées: & l'on a vu ci-devant qu'ils participoient, il n'y a pas long-tems, à leur noblesse sans distinction.

Avantage des Princes légitimés sur les Princes du sang.

Cela posé, Mrs. les Princes du sang se souviennent sans doute, qu'ils sont issus de *Louis* de *Bourbon*, Prince de *Condé*, frere puiné d'*Antoine*, Roi de *Navarre*, & que par conséquent ils ne comptent aucun Roi de *France* dans leur filiation, depuis *St. Louis*. Au contraire, Mrs. les Princes légitimés ont l'avantage de sortir des trois derniers Monarques *François*, & immédiatement du plus illustre d'entre eux. L'on ne fait cette observation qu'à dessein d'alterer l'induction absurde, qu'on leur impute dans la Requête presentée contre eux. Ils connoissent le rang inferieur

qui

qui leur eſt accordé ; ils le regardent comme une grace ſignalée ; ils n'en prétendent point d'autre ; ils rejettent & deſavouent l'imputation dont on les charge : mais auſſi ſe peuvent-ils flater que le merite récent des Monarques de qui ils tiennent la naiſſance, doit entrer en conſideration, & ſoutenir le rang qui leur eſt accordé, du moins par raport à de ſi illuſtres peres.

Condition des Princes du ſang en *France* dans les anciens tems.

Perſonne n'ignore en *France*, que le rang de Mrs. les Princes du ſang, tel qu'ils le poſſèdent aujourd'hui, n'eſt pas d'une inſtitution fort ancienne, mais accoutumée à l'ordre féodal. Nos peres d'ailleurs, égaux entre eux, ne connoiſſoient de ſuperieurs que ceux envers leſquels ils avoient engagé leur foi par quelque hommage. Les peres, les oncles, les couſins germains des Rois, faiſoient corps avec la Nobleſſe ; & dans les Etats generaux, tenus ſous *Philippe le Bel*, on a vu *Louis*, Comte d'*Evreux*, frere du Roi, avec *Robert*, Comte d'*Artois*, ſon couſin germain, ſe charger de la députation de la Nobleſſe, porter la parole pour le corps, & entrer aux Etats, tenus pendant la priſon du Roi *Jean*. *Philippe*, Duc d'*Orléans*, ſon frere, fit honorablement la même choſe.

Particularité ſur les Maiſons de *Dreux* & de *Courtenay*.

De plus, on ſait avec certitude, que les Branches de *Dreux* & de *Courtenay*, iſſues de *Louis le Gros*, n'ont conſervé aucun rang de Principauté, & qu'elles ſe ſont tellement confondues avec la Nobleſſe, que l'ainé de celle de *Dreux* n'avoit point d'emploi plus honorable ſous *Charles VI*. que celui de valet tranchant du Roi.

Princes de la Maiſon de *Bourbon* confondus avec la ſimple Nobleſſe.

Les Princes de celle de *Bourbon*, ſi riche & ſi puiſſante dans ſa tige principale, n'avoient certainement aucun rang diſtingué que celui des autres Gentilshommes du Royaume. Les Seigneurs de *Caumoy* & de *Meaux* en ſont des exemples fameux. Mais puiſqu'il faut le dire, la Branche de *Vendoſme* elle-même aujourd'hui, qui occupe glorieuſement le trône, n'a pas toujours été ſi jalouſe du rang de la

Prin-

Principauté. Les épitaphes, les Actes publiques, qui en restent, en sont de sûrs garans. *Jean de Bourbon*, Comte de *Vendosme*, mariant sa fille *Catherine* avec *Gilbert de Chabannes*, voulut par le contract de mariage, que le futur époux fût substitué à son nom & à ses armes, comme à tous ses biens, en cas de mort de *François de Bourbon*, son fils unique. C'est lui qui épousa, depuis, *Marie* heritiere de *Luxembourg* Voilà une preuve bien certaine, qu'il ne pensoit pas à occuper un rang incommunicable, où la noblesse seule ne peut aspirer.

Origine & nature du rang des Princes du sang.

Mais pourquoi chercher des exemples dans un fait certain connu de tout le monde? *Henry III.* est le premier de nos Monarques qui, pour mettre la Couronne hors de la portée de la Maison de *Guise*, & pour soutenir les Princes du sang de *France* contre ses entreprises & ses usurpations, rendit une Ordonnance qui leur donna rang au dessus de tous les Pairs, des grands Officiers des Princes étrangers, & de toutes les espèces de dignités. Le rang est donc une grace, une faveur des Rois, une distinction nouvelle, à laquelle les Comtes de *Vendosme* n'avoient aparemment jamais prétendu. Comment peut-on donc aujourd'hui soutenir, qu'elle est incommunicable par les loix fondamentales de la Monarchie?

Louis XI. en avoit fait presque autant à la Maison de *Montfort*, heritiere de la Comté de *Laval.* Les Maisons d'*Armagnac* & de *Foix*, étoient en possession de la preséance, même sur la famille de *Vendosme*, & à plus forte raison sur les puinés.

Il ne se peut certainement trouver de preuve plus complete, à tous égards. Joignons néanmoins à tout ce qui a été dit quelques considerations particulieres.

Preuves que le Régent ne doit rien changer dans le rang des Princes légitimés.

I. Sur l'idée & la maxime commune, que les Rois sont toujours censé Mineurs, c'est-à-dire qu'ils ne peuvent rien faire de préjudiciable à la Couronne, que leurs successeurs ne soient en droit de révoquer. On

tire,

tire, à la verité, de cette maxime la conſéquence que le Roi *Louis XV.* peut dans un lit de Juſtice annuller l'édit donné en faveur des Princes légitimés; & ſans contredit, ſi cet édit étoit contraire aux interêts de la Couronne, ou de l'autorité Royale, il eſt indubitable qu'il le pourroit abſolument. Mais au contraire, ceux qui s'en plaignent, allèguent que c'eſt une entrepriſe que le feu Roi a faite au-deſſus des loix; un nouveau dégré d'autorité qu'il a ajouté & pris par ſurcroît de celle que ſes prédéceſſeurs lui avoient tranſmiſe. La queſtion ſe réduit donc à l'uſage d'un légitime pouvoir. Mais comment, ſur la ſimple allégation de M. le Duc, denuée de toutes preuves, le Régent du Royaume, dépoſitaire de l'autorité du Roi, poura-t'il permettre qu'elle reçoive entre ſes mains une diminution telle qu'on la propoſe, ſi contraire à ſa gloire, ſi le feu Roi a eu raiſon, & ſi contraire à ſon interêt, s'il faut qu'à la fin de la Régence, il la remette entiere au Roi Majeur; ou si la Couronne passe à lui-même heritier presomtif.

Suites qu'auroit la révocation des édits de *Louis XIV.* en faveur des Princes légitimés.

II. Sur les conséquences nécessaires de la révocation d'un édit de la nature de celui-ci, accepté par tous les Parlemens, exécuté par toutes les parties. Si les Princes légitimés avoient le malheur de succomber dans une pareille instance, & de voir anéantir la juste possession où ils sont du bienfait d'un grand Roi, qui s'est avoué leur pere, pouroient-ils s'empécher d'en interjetter appel au Roi même, séant en son lit de Justice, à la tête des Etats du Royaume, seul tribunal de la voix publique, compétent pour décider une pareille contestation, où il seroit d'autant moins facile de leur refuser la satisfaction de ces assemblées, que leurs parties, agitant, comme elles font, la question de l'autorité légitime du Roi, voudroient la même assemblée pour la faire limiter, dans les termes où l'on de-

desire de la voir restrainte ? Quel cahos ! Quel abîme ! Il s'agira donc de déterminer la puissance Royale. Est-ce là le terme du zele dont on anime M. le Duc, & des conseils qu'on lui a donnés ? Jamais le plus ardent Parlementaire d'*Angleterre* a-t'il conçu un plus funeste projet ? De plus, qui pouroit répondre que des Etats, assemblés pour une pareille décision, n'entreprissent pas de raisonner à fonds sur la succession à la Couronne, sur la validité des renonciations, & sur une infinité d'autres choses toutes contraires à l'autorité du Roi, à la gloire & à l'interêt du Royaume, & au repos public.

III. Sur la gloire & l'éclat du dernier règne, dont les disgraces mêmes font voir évidemment que les Etats sont moins puissans par l'étendue de leur domination, ou par la force de leurs Frontieres, que par la forme de leur Gouvernement. Le despo-

despotisme a certainement ses incommodités dans les mains d'un Prince qui croit, & qui veut que tous les biens des Sujets lui apartiennent.

Avantages du despotisme.

Mais il a d'ailleurs l'avantage de prévenir toujours, & de n'être jamais prévenu. Les ennemis deliberent, pendant qu'un Monarque absolu attaque & exécute : ce que nos yeux ont vu, & que l'*Europe* n'a pu soutenir sans effroi. Elle s'est liguée toute entiere contre *Louis XIV.* & n'a pu l'entamer qu'en lui donnant occasion de s'étendre au delà de ses propres Etats : d'où il s'est ensuivi la dissipation des forces. Mais quand tant de Puissances, lassées d'une guerre qui les ruinoit elles-mêmes, en desolant la *France*, ont voulu faire la paix, elles ne l'ont point envisagée, sans porter leur vue jusqu'à procurer le changement de Gouvernement du Royaume, en rétablissant les assemblées d'Etats. Mais si elles n'ont à la fin osé insister sur une

une telle demande, n'eſt-il point à craindre que quelques ennemis cachés n'ayent penſé à y revenir, en fomentant les diſpoſitions d'un Prince auſſi conſiderable dans l'Etat que l'eſt M. le Duc ; en répandant dans les Provinces des bruits confus de nouveautés ; en flatant les eſprits de l'idée de la liberté, dont les Particuliers ſe laiſſent aiſément prévenir ; en un mot tenant les peuples en ſuſpens, & dans l'attente de quelque évenement.

Il eſt donc bien néceſſaire pour le repos de la nation, pour l'interêt de l'autorité Royale, pour celui de la veritable grandeur des Princes même, qui ſe déclarent contre elle, que la ſageſſe de S. A. R. M. le Duc d'*Orléans*, Régent, entreprenne d'éclairer ceux que l'on égare par d'indignes moyens, pour les précipiter de faute en faute, & de malheur en malheur.

Il eſt de ſa gloire, comme de ſon interêt, de ne jamais alterer la conſtitution

ſtitution d'un Gouvernement, qui a fait & fera toujours la tranquilité de cette Monarchie au dedans, ſa grandeur & ſa réputation chez l'Etranger.

FIN DU I. TOME.

MEMOIRES

PRESENTÉS

A MONSEIGNEUR LE DUC

D'ORLEANS,

RÉGENT DE FRANCE.

CONTENANT

Les moyens de rendre ce Royaume très puissant, & d'augmenter considerablement les revenus du Roi & du Peuple.

PAR LE C. DE BOULAINVILLIERS.

TOME II.

A LA HAYE & A AMSTERDAM } Aux dépens de la Compagnie.

M. DCC. XXVII.

www.ingramcontent.com/pod-product-compliance
Ingram Content Group UK Ltd.
Pitfield, Milton Keynes, MK11 3LW, UK
UKHW020333230726
13925UKWH00002B/769

9 782013 467292